石滋宜與家人

年輕時期的石博士

石博士與兒女在加拿

石博士（左一）與父母兄弟妹妹合影

三代同遊臺灣明池山莊

984 年家人返臺遊墾丁

在加拿大與女兒玩雪

石滋宜與家人

↓石博士與外孫同樂

三代同遊太魯閣國家公園

一九八六年全家至日本旅遊

↓與前行政院長孫運璿合影

與前經濟部長趙耀東合影

與前總統府資李國鼎合影

與好友溫世仁中國西部合影

與《大趨勢》作者約翰奈思比合影

石滋宜與成功人士

↓與恩師荒木透教授合影

與《成功有約》作者柯維合影

與《第五項修練》作者彼得聖吉合影

石滋宜在華砇

↓ 石博士於華砇學校演講

與華砇教師群合影

與董事長文國良（左一）與
校長龍玉琴（右一）合影

石滋宜在華砇

↓華砇信義校揭幕儀式

石博士在華砇夢想起飛前留影

教育革心

石滋宜談

找回國家競爭力
重心學習的變革法則

石滋宜——著

目錄

推薦序

前言

第一部 早期教育——用初心讓孩子贏在起跑點

第二部 家庭教育——用愛來發揮四心

推薦序

問學之道重振臺灣活力

黃光國

今天我提筆爲石滋宜博士的這本《石滋宜談教育革心》撰寫〈序言〉，內心充滿了無限的感慨。我跟石博士結緣甚早，而且這段因緣跟我的學術生命緊密關聯，跟石博士晚年提倡的儒家思想和「問學之道」也密不可分，值得在此略作回顧：

一九八三年暑假，我參加了海峽兩岸分隔三十餘年後，雙方社會科學界在香港中文大學召開的第一次「現代化與中國文化研討會」，當時社會學家金耀基宣讀了一篇論文〈儒家倫理與經濟發展：韋伯學說的重探〉，金教授指出：德國社會學家馬克斯．韋伯（Max Weber）在其名著《基督新教倫理與資本主義精神》中探討有助於西方「資本主義」發生的各種條件。韋伯在窮究各種條件之後，認爲基督新教倫理與資本主義之興起有關。基督新教的教義強調勤勞、節約，認爲在上帝的「召喚」下從事工作是神聖的，由工作而得的財富，是上帝的賜禮，不應拒絕。儘管如此，人卻不可奢侈浪費。這種教義所造成的人的「動機結構」與資本主義精神正相湊合（affinity）。它在個人心理上所造成之「內在整合」（inner integration），對於資本主義之發展十分重要。

爲了闡明非西方社會因何「不發生」資本主義，韋伯在《中國的宗教：儒家與道教》一書中，從「物質」與「精神」兩個範疇雙管齊下，探究其原因。在「物質」範疇上，他逐一分析五個具體因素，包括貨幣制、城市與基爾特、家產制國家與科層政治、親屬組織以及法律。韋伯指出：整個來說，這些結構因素確實不利於資本主義之發展；但是，傳統中國也有許多利於資本主義發展的結構因素，如無身份繼承、自由遷移等。因此，他以爲「結構因素」的影響並沒有決定性。換言之，傳統中國之所以「不發生」資本主義，必須在「物質」或社會「結構」以外的因素中去找尋。韋伯判定這是由於儒家文化缺乏資本主義所必要的一種「特殊的心態」（particular mentality）。這等於是說中國文化與現代化是不相契合，或中國文化是中國現代化的阻礙。

韋伯對中國社會結構及儒家倫理的解釋，後成爲西方社會科學界分析中國的重要典範，影響西方學術界的主流思想幾達半個世紀之久。然而，到了一九七〇年代，韋伯的儒家倫理觀點卻受到一個「巨大經驗現象」的挑戰。當時許多社會及經濟學家都注意到：從二次大戰之後，幾個東亞地區的社會都有「生猛驚人的經濟發展」，包括日本、臺灣、南韓、香港與新加坡。這些東亞社會都深受儒家文化的影響，在過去三十年中的經濟發展則被稱作「東亞經濟奇蹟」。

東亞經濟奇蹟之謎

金耀基的這篇論文引發了一陣「韋伯熱」，國內外學術界召開了好幾次研討會探討儒家思想與東亞奇蹟之間的關係。那時我直覺地認爲：儒家思想對經濟發展如果會產生任何影響，它必然是透過人的社會行爲而發生作用的。要澄清儒家思想和經濟發展之間的關聯，就要落實到社會行動的層次，從行爲科學的角度來加以分析。因此向國科會申請出國進修補助，於一九八五年九月，到美國密西根大學中國研究中心，費時一年撰成《儒家思想與東亞現代化》一書，一九八八年出版。

根據我在這本書中的分析，儒、法兩家思想各有不同的適用範疇，儒家的「仁、義、禮」倫理體系適用於情感性和混合性關係的範疇；法家以「法、術、勢」作爲核心的組織理論，則適用於工具性人際關係的範疇。更清楚地說，對於個人生命的安頓而言，儒、法兩家思想有互補的作用；儒家倫理適用於家庭之中，法家思想則適用於工作場合。甚至是在工作導向的企業組織之中，儒、法兩家思想也應當具有互補的作用：跟工作有關之事，應強調法家思想；跟工作無關的人際關係安排，則不妨輔之以儒家思想。基於此一見解，一九九一年我又出版《王者之道》，討論法家理論在現代華人企業組織中的應用。這本書後來並由一位華僑翻譯成泰國文字，在曼谷出版。

東方化：學術關懷的主軸

從一九八〇年代末期，到一九九〇年代初期，東南亞許多國家都對「東亞四條小龍」的經濟奇蹟充滿了好奇心，亟欲起而效法，我受到中國生產力組織總經理石滋宜的推介，在亞洲生產力組織的安排之下，到香港、東京、馬尼拉、可倫坡、以及孟加拉的達卡，四處演講，宣揚我對臺灣經濟發展經驗的解釋。

一九九三年八月三十一日至九月二日亞洲生產力組織的大西克邦先生特地來台，邀我主持，在台北召開一項國際研討會，題爲「社會文化因素對生產力的影響」，邀請來自臺灣、香港、印度、日本、韓國、馬來西亞、蒙古、菲律賓、新加坡、泰國等國家的社會科學家宣讀論文，我寫的論文題爲〈華人社會中的儒法鬥爭與生產力〉，提出了一個理論模式，文中分析儒、法兩種文化傳統對於組織運作的正負面影響。這個研討會的論文後來由我編集成書，我刻意取名爲《東方化》（Easternization: Socio-cultural Impact on Productivity），一九九五年由亞洲生產力組織在東京出版。後來大西先生告訴我：這是他們銷路最好的出版品之一。

■三達德：好學、力行、知恥

孔子在《中庸》第二十章中所提出的「三達德」是「好學近乎智，力行近乎仁，知恥近乎勇」，這就是石博士在這本書中所說的「問學之道」。有人問石博士：「您的核心專長是什麼？」他的問答：「我的核心專長就是學習」。其實不僅如此而已。石博士當年帶領「中國生產力中心」，特別擅長於「力行」，將他們學習的心得落實到實務工作，輔導廠商解決他們在運作上所遇到的各種問題，所以才能創造出當年東亞四條小龍的經濟奇蹟！

一九九四年李登輝掌權後推動的「教改」，是臺灣氣運由盛轉衰的轉捩點。從此之後，儒家文化傳統在教育的場域裡逐漸被其他科目稀釋掉，品格教育不再受到重視，教師們不敢在課業上多做要求，教師地位一落千丈，青年學生失去了奮發上進的動力，臺灣經濟也從東亞四小龍之首，逐年衰落掉到四小龍之末，只能靠當年李國鼎創立的電子業維持住場面；但是人們早已淡忘李國鼎、趙耀東、孫運璿那一世代如何開創經濟奇蹟的歷史故事。

「不信青春喚不回，不容青史竟成灰。」我希望石博士這本遺書的出版，能夠重振臺灣社會的活力！

（本文作者爲國家講座教授）

心靈教育是競爭力根源

文國良

石滋宜博士有「臺灣自動化之父」雅譽，自詡爲「新思維模式拓荒者」，爲創新思維的引導先驅。早年他受政府邀請返臺後，無論在自動化服務團、中國生產力中心、全球華人競爭力基金會、現代企業經營學術基金會，擔任領航者角色，都在致力於促進商業帶動臺灣經濟發展，社會文化之升級，引領人們生活與價值觀的改變。

石博士爲臺灣產業升級貢獻良多，個人非常敬佩石博士爲提升全球華人企業競爭力無私的奉獻。誠如我與石博士的緣分，石博士長期擔任我集團的經營戰略顧問，幫助我們轉型成爲全價值鏈、擁有多元產品線和多種商業模式的健康家居產品集團。石博士可以說是我們戰略發展和價值再造的引路人和啟明燈。

石博士視野與思考前瞻，所以當他提出，為因應未來世界優化教育的迫切訴求，他鏗鏘有力地說：「我們需要的是教育革心」，這句話深植我心，我願義不容辭的支持。石博士所說的教育革心，也就是未來教育的方向，如下

一、人格教育，亦即提升人品的教育。

二、教導如何學習，而不是學習什麼？重要的是適應快速變化的環境。

三、教導為什麼做（know why）比教導如何做（know how）更重要。養成「問什麼」以及「如何問」的習慣，也等於養成了判斷是非的能力。

在這個方向之下，最重要的是心靈教育，完整人格的培育正是競爭力真正的根源。就因著石博士堅定的信念，華砇國際數位實驗教育機構才有機會孕育、誕生。

很遺憾，二〇二一年四月石博士離開我們，但是他留給我們最珍貴的教育理念，華砇教育將在此基礎上去實踐、傳承與創新。

我們始終認為一個好的教育工作，不僅只是與時俱進，更要建立在厚實的教育文化底蘊之上。當博大精深的傳統價值遇上日新月異的創新科技，期待華砇的孩子都能立足文化根基，善用數位科技，開創屬於他們的嶄新未來。

華砇教育的定位是「都會、微型、菁英」，是從臺灣出發放眼全球華人為主要對象，都會意謂面向未來，微型更可能做到適性教育、菁英是鼓勵孩子成就最好的自己。

本書中石博士提出教育四大目的為「懂得學習如何學習、擁有高EQ與大格局、具高度創造力、懂得享受人生真諦」。願讀者都能從根本的教育與生命意義去思考，讓我們共同實踐仁道精神，促進「老者安之，朋友信之，少者懷之」之理想社會。以期達成我們投入教育的目的與使命。

（本文作者為現代企業經營學術基金會董事長）

用新的眼睛看世界

萬以寧

許多人都認爲石滋宜博士是他們終身的導師。他的啟發，令人終身受用不盡。

我更是如此。

本書的內容涵蓋許多有關啟發的智慧。對需要扮演啟發角色的教育工作者、企業經理人、爲人父母；或是面對自我潛能的開拓，藏有驚人的秘密。

這是石博士數十年以來，在不同階段的心得整理，雖然不似科學體系般的公式化；但是章節故事環環相扣，不同情境的背景，卻具備一以貫之的一致性。讀者可以從任一章節中獲得心得，默然冥想，自行印証。

在石博士的薰陶下，許多追隨者都自認有了正面的轉變，開啟了不同的人生。

我們見證且深信這種啟發式的教育方式，不但能培養出開放性的思維模式，還能夠促進幸福的人生。

特別值得一提的是，石博士晚年致力推動《論語》教育，他是一位優秀的工程師，傑出的經營者；他深感《論語》的人本精神，以及「己立立人，己達達人」的邏輯展開，和他前半生累積的心得完全契合。這個兩千多年因緣際會下的心靈感應，也是老天在其晚年贈予他極為珍貴的禮物。

石博士晚年，利用十多年的時間，逐漸將《論語》的時代意義，在各種演講、著作中彰顯出來了。也融入本書內容。

作為石博士的追隨者我們為本書之出版感到無比的振奮，他常說：「人們常以為需要的是發現新大陸，但是眞正需要的卻是發現新視野」。

讓我們一起出發，用新的眼睛看世界。

（本文作者為現代企業經營學術基金會董事）

打破舊思維，實現新可能

龍玉琴

二〇一七年，我有幸加入華砇實驗教育體系，創辦人石滋宜博士精神奕奕地侃侃而談辦學的初心和理念，強調教育「革新」的同時，必須將重點放在思維模式的「革心」，我強烈感受到石博士對教育殷切的期盼。

石博士對教育的精闢見解深深影響了我，在體制內學校服務數十年，我一直以為自己還算懂教育，但是，接觸了石博士的理念之後，打破了許多舊有思維，重新發現教育更多的可能性。

石博士告訴我們：提升競爭力最有效且直接的方式就是品格教育。因此，品格力也是華砇希望孩子擁有的重要能力之一。華砇的品格教育不是告訴孩子善惡是什麼，而是讓孩子擁有批判思考辨明是非的能力，進而成為具有公民素養的人才。

在數位科技時代，孩子需要有不斷快速學習與改變的能力，以適應未來不可知的世界，教育必須引導學生「學習如何學習」，啟發學生的「創造力」和「思維模式」，讓下一代能改變未來，而不是被時代決定。華砇秉持石博士的教育理念培養學生自主的學習能力，而石博士本身就是一位「學會如何學習」（learning how to learn）的實踐者，也是「終身學習」的身教示範者。書中提到他從材料科學專業跨域到許多不同領域，不管投入到那一個行業，都能在極短的時間內就學會那個行業的知識或技術，還能給予創新，成功的轉型為另一個行業的專家。

這本書是現代企業經營學術基金會將石博士多年以來，對於企業中高階主管教育訓練，乃至於晚年辦理基礎教育階段實驗教育的心得與領悟，和石博士自己的跨域人生故事，整理集結成冊予以出版，提供給讀者。相信家長、業界菁英和教育工作者閱讀後一定能產生共鳴重新定義教育的目的，正在求學的學習者閱讀後也會改變思維模式，找到學習的樂趣與成就感。

（本文作者為臺北市華砇國際數位實驗教育機構校長）

推薦序

核心成長，廣結善緣的教育心

徐永康

石滋宜博士是個讓人欽佩的知識分子，即知即行，講求實踐力。一生念茲在茲的都在想著如何幫助我們的社會有個美好未來。

本書凝結了石博士八十四年的人生智慧，分享在他的生命過程中，看見了臺灣社會的需要，從八〇年代的推動企業自動化、到九〇年代的學習型組織，之後的數位科技的發展，在在顯示出石博士的高瞻遠矚與細微洞見，並在人生晚年中，提出對於臺灣未來的期望：發展新型態與符合社會期望的微型教育模式。

石博士期待的微型教育創新模式不同於主流學校，具有別出心裁、吸引注意與有價值的系統：他設計出更豐富的組織型合作學習教學法，讓學生不孤單；從生活與在地經驗，讓學生體會從個別到抽象知識的自主學習專案計畫與整理；建立教師之間的互助與專業發展系統，協助教師完成心中志業；家長與學校彼此相互合作，讓學生知道學習沒有邊界；以及明白學生未來進入文明世界所需要的數位科技與語言教育的重要。而其中，最爲關鍵的是，學校要能培育出一心向善、核心成長、廣結善緣的地球公民，才能顯現出學生所學的效用。

爲此，石博士認爲，善念的培育，不須外求。我們前人智慧就有很好的系統論述，只是在某些因素下，無意間忽視了原有的寶貴資產，那就是孔子的儒家思想。據我所知，在歷史洪流下，有學者論述人生必讀的一百本經典書籍中，只有兩本中文書籍，其一，就是孔子的《論語》。可見在時間淬鍊下，《論語》依然道貫古今，對每個人都很受用。以此爲基礎，發展學生的良好品格，特別是目前在推動素養教育的運動中，更加顯現東方思想的教育哲學價值。

此外，石博士指出，學生還需要面對世界多變的挑戰，培育學生語言與該有的科技能力成爲必要條件，使得學生透過良好的溝通與合作技能，運用科技在世界各地自由進出，讓學生有清楚的自我在地意識與國際觀點。

最後，石博士將自己的智慧，化作教育沃土，以品格善念爲核心，加上現代科技的數位學習方式，本書不僅對從事教育工作者是必要參考，也是關心未來趨勢者需要仔細閱讀。

（本文作者為國立政治大學實驗教育推動中心執行長）

推薦序

我的父親是一百分的身教實踐家

Christine

我的父母在我出生之前於一九七二年來到加拿大。我的父親石滋宜告訴我，他們移民的原因之一是希望讓他的孩子能夠享有更好的教育。在父親的七個兄弟姐妹中，父親是唯一一位獲得博士學位的人。所以父親不但重視正規教育，更重視我們的日常生活教育。

六歲的時候，父親答應臺灣的邀請，返台二年，致力於推動產業全面自動化，進而促使臺灣產業升級。只是一開始答應的二年，最終，成為了他的餘生。

和父親分隔兩地的那段時間，我完成了各階段學業並獲得了兩個大學學位，之後結婚，開始了自己的事業，並有了兩個孩子。和父親見面的時間不多，尤其是在結婚後。不過回想起來，從小在父親的耳濡目染下，他教給了我非常多的東西。

對閱讀的熱愛是父親身體力行教會我的事。記憶中，他總是在閱讀，無論是英文、中文或日文的書，還是有關商業或時事的報紙或雜誌，他看書時，手裡經常拿著螢光筆在書本上註記。他對知識有著極大的渴望，並重視思考。他只要在加拿大，經常帶我去多倫多市區裡世界上最大的書店（World's Biggest Bookstore），幫我買一堆書，卻從不過問我在讀什麼，只是很高興我喜歡閱讀。

父親一直鼓勵我，找到熱情，選擇做我喜歡的任何事情，把它做好，並且保持著「高品質」。他從不期望每件事都完美無缺，卻深信每個人都有自己的長處，應該專注地追求，進而得到更多、更好的成就。

成爲一名優秀的領導者也是父親教會我的。他總是在必要的時候，提供我專業知識，提醒要適時傾聽，並且向他人學習；也經常提醒我要主動，積極嘗試新事物，不要害怕失敗或尋求幫助。同時，他還教會了我永不放棄的重要性，要不斷地嘗試，直到成功。現在，我爲人母親，才意識到他教我的是「毅力」，是許多成功人士的必備特質。

父親啟發了我對旅行的熱愛。藉由旅行，可以認識不同的文化和不同的族群，透過傾聽不同的聲音，更珍惜我所擁有的生活。旅行讓我學會好奇，擴大視野去探索身邊甚至世界的問題。父親曾說，只要願意接受，生活就充滿了教訓和學習。同時，要去幫助需要幫助的人。

我知道他策劃在臺灣創辦一所學校，一個教學方式和學習方式不同的學校。父親一直思考創新的做事方式，鼓勵人進行「思維模式的轉換」。對他來說，這就是他看待世界的方式。我很高興他的夢想隨著華砇國際數位實驗教育機構的開辦而實現，華砇教育遵循他的理念，培養新一代的學生，他們也將放眼世界，充滿機遇。

我希望父親有更多的時間陪伴我的兩個兒子 Corwin 和 Julian。在他們的身上，我經常看到父親的身影。現在，我會盡最大的努力將父親傳授給我的生活經驗和對知識的渴望，繼續傳遞下去。我們眞的非常想念他。

（本文作者爲石滋宜博士女兒）

薪盡火傳，點亮教育

馬紹慧

這是石滋宜博士晚年最想出版的一本書，因爲他曾說，臺灣的未來就在教育革心。

無論在北美或臺灣，曾經跟石博士一起工作過的同仁，都跟我一樣很懷念與石博士共事的時光，與那段榮耀的日子。因爲石博士是高度人文關懷的領導者，他的座右銘是關心人、關心地球、關心明天。

石博士早年在加拿大奇異（GE）公司任高階主管。他說，他的部屬來自世界各地五、六十個國家，他深深的體會是，無論對待任何人就是尊重，而且人是不能管的，而是要關心，尊重他們，讓他們自己管理自己，並塑造舞台讓同仁發揮。石博士最常問我們的，就是最近有什麼新鮮事，或者有什麼好玩的事情。他希望同仁們能樂在工作與享受人生。所以，當現代企業經營學術基金會創辦華砇國際數位實驗教育機構，他告訴我，最重要的任務就是好好照顧教師，讓教師能夠盡情發揮，擁有開創性思維。如此，教師也會這樣對待孩子，鼓勵孩子探索體驗各種可能，形成良性的循環。

石博士重新定義教育的目的，認爲教育的目的在於「引導學習如何學習（Learning how to learn）」，如孔子所言，先人格教育而後知識教育，尤其在數位科技時代，孩子需要擁有不斷快速學習與改變的能力，以適應未來不可知的世界。

石博士說，我們做的只是拋磚引玉，我們要啟動教育革心，讓孩子喜歡上學、喜歡學習，因爲教育眞正目的是爲了創造幸福人生。

在石博士的字典裡，沒有「不可能」三個字。他說，不可能只是過去沒有人做過而已。別人會做的事，他從來不說 Me too，他最愛的就是跳火坑，跳入新的領域。所以當實驗教育三法通過，他說，孩子的品格必要從小奠基，具備三語溝通力（華語、英語、程式語言），熱愛學習，善於思辨，具國際移動能力，隨時能跟不同的人才合作，激發團體智慧，成爲跨域統合思維人才，我們就是要培育這樣的菁英。

雖然，我們的人生導師石博士離開了，而華砇教育的幼苗方才初始萌芽，但我們相信落紅一定會化作春泥，護著我們一路成長。我們依然銘記著這份眞摯的教育理念，走在教育革心的路上，帶著孩子探索更多的可能……。但願薪盡火傳，傳遍世界，點亮教育，溫暖臺灣。

二十多年來，個人有幸能追隨石博士學習，整理石博士的觀點，本書是集結過去石博士從早期教育到終身學習的全人教育文章而成。感謝時報文化出版董事長趙政岷先生的支持與主編林正文女士的專業，讓本書得以問世。

石博士一生就像傳道者一樣，心繫天下，悲天憫人，但願本書能激起讀者對教育革心的漣漪，無論是對自己、對同仁、對孩子都能有因著學習，相信更多可能，以創造幸福美滿的人生。

（本文作者爲現代企業經營學術基金會執行長）

跨域人生

世界正處於爆炸性變動，數位經濟取代傳統經濟，正顛覆著人類的生活。

牛津大學與日本野村總合研究所合作研究報告、世界經濟論壇（The Future of Jobs Report - World Economic Forum）、未來工作（The Future of Jobs）報告……等權威報告紛紛指出，未來五至十年內將有超過半數的工作被機器所取代。

但，令人憂心的是，誠如美國教育哲學家約翰・杜威（John Deway）所說：「用昨天的方法教今天的學生，就是剝奪他們美好的明天。」。

我們的教育與世界潮流脫節，我們的孩子仍學習著「過去」，將如何在「未來」存活？因此，教育革心刻不容緩，更需從品格教育與基礎教育著手，爲孩子提供適性的教育，讓孩子擁有自主學習與終身學習的能力，無論未來環境如何改變，孩子都富有極強的適應能力去開創新契機。

所以總有人好奇的問：「石博士，您的核心專長是什麼？」，我說：「我的核心專長就是學習」，當然大家會感到奇怪，學習怎麼算是核心專長？每個人都會學習啊！

雖然我是學材料科學，但是進入職場後，我轉換過無數次不同領域的跑道，從「技術」到「管理」到「經營」到「輔導」再到「創造新事業模式」，我的核心專長就是不管投入到那一個行業，都能在極短的時間內就學會那個行業的知識或技術，最重要的是我能給予創新，提出不同的見解與解決問題的方法，並以更有效率的方式去執行，這就是別人所做不到的。

我以自己爲例，正是因爲未來新的工作型態，你得跟我一樣活到老學到老，以因應不斷的轉換新專案與橫跨不同領域，並與世界各地不同的人共作。因此，你樂愛工作，享受工作，享受人生。所以沒有退休，只有轉進。但我確實樂此不彼，以下就是我的跨域人生故事，希望對你的生命有所啟發，我也經常勉勵同仁與孩子們，我相信你們一定可以活得比我更精彩。

赴日攻博士愛上探索真理

一九三七年，我出生於臺灣中部南投縣竹山鎮。竹山，顧名思義就是四面環山都是竹林。我有六個兄弟，二個妹妹，我排行第三。家父從事貿易，分公司遍布日本東京、大阪、神戶，韓國，朝鮮平壤，中國大連（當時的滿州國）、長春、營口、天津等地，其規模可想而知。

因家父經常出國奔波，我們幼年教養的責任，大部份都落在母親身上。庭訓中印象最深刻也影響我最大的是，母親告訴我們，做人就要像竹子一樣長得正直，不可彎來彎去。因此，我這一生都勉勵自己要像竹子一樣正直、空心、有節又具彈性。

從小在臺灣接受教育，我對讀書並不感興趣，對教育的方式更爲不滿，我認爲讀書僅是盡義務，所以學習只在應付考試。爲了不讓父母擔心，我的成績總保持在全班前十名。初中時碰上臺灣教育最封閉的年代，幸運的是，同樣是衝撞體制教學方式，我在師長眼中是「三甲」學生（學業、體育、品性皆甲等），所以沒被開除，但我深深認爲教育不該是制式、規格化的，就在台北工專畢業後，直赴日本攻讀東京帝國大學材料科學博士。

大家可能會感到好奇，既然我對讀書沒有興趣，爲什麼會想拿博士學位？這是我少年時代的夢想和願望。因爲家父從事貿易，經年出國不在家，因爲對孩子的想念與補償，他每次回國必定會帶很多玩具和衣物。這些東西在當時的臺灣社會，根本是未曾得見，所以有很多同學和鄰居的小朋友，經常到我家，來看我玩那些先進的玩具。像是自動汽車，有軌道的火車等，那在七十年前可稱得上珍奇的物品。

因此，從小我對如此神奇先進的家父非常崇拜。每回家父回來總會提起某某「Hakase」（日語博士的意思）如何偉大，而在我心中家父就已經夠偉大了，沒想到家父又對博士如此崇敬，使我決心也要成爲 Hakase。其實年幼的我根本不知道 Hakase 是什麼，但這卻成爲後來我攻讀博士學位的唯一理由與目的。直到家父去世後，我看到他的遺書中寫著，他感覺這一生中沒有遺憾且感到驕傲的事，是我取得東京大學的工學博士，這是我在他生前，不曾得知的內心感受與欣慰。

事實上，我這一生最有價值的受教育經歷是在日本東京大學研究所的五年，主要是我的恩師指導教授荒木透的指導方式讓我受益匪淺。我是荒木透教授的第一個博士班學生，所以荒木透教授對我有相當的期許與要求。雖然我從來沒有看過荒木透教授生氣，也從來沒有看過他罵學生，但是我卻感到壓力非常的沉重，這是因爲每個禮拜，我們都要進行輪講（Seminar），在過程中，荒木透教授會不斷的提出問題，因此，若沒有充分的準備，就根本下不了台。

教授讓我們每星期做一次報告，報告內容是閱讀一篇材料科學專業論文或我自己的實驗研究心得。每準備一篇論文，大約都要參考十至二十篇各種相關的論文或資料，如果沒有眞正弄懂，我是絕對不敢鬆懈或休息，所以常常進入研究室後，就忘了吃飯，且常常到了深夜，因爲校門關閉只好翻牆回到宿舍。

就是因爲荒木透教授懂得不斷的問，會一直提出問題，他問副教授，問助教，也問我，我則滔滔不絕地回答。教授常因對話討論而忘了時間。後來我也學會了發問，眞正成爲「懂學問」的人，知道怎樣問問題、怎樣回答問題，成爲極端重思考且具創意能解決問題的人。這也正是孔子的教學和學習方法。也因爲要應付所有可能的問題，我必須眞正把事情搞懂，故我從東大畢業時，看過的論文疊起來超過了我的身高（一米八）。可以說，正是通過和教授的對話和思想風暴，我才眞正下功夫去探索眞理，也才能養成我今天不管做任何事情，都會下工夫把事情眞正弄清楚。

人說：「知識就是力量」，這句話在知識隨手可得的今日已不正確，知識本身並不會產生力量，除非我們去用它，從做中學、學中覺、覺中悟，眞正把知識轉化成智慧，才能產生力量。換句話說，我們常聽到人說，我都知道了，但是卻沒有去做，那麼知道什麼就變得一點意義都沒有了。所以知道是一回事，有沒有去做又是另外一回事，這也正是競爭力的差距所在了。

在我的生涯中，深刻體認的是，從「知道」到「悟道」，造就了我前瞻創新的DNA。這一過程中有三點非常重要：

天真（三歲的眼睛看世界）

敏銳（跨域統合的能力）

大膽（快速學習的能力）

同時，養成策略思考（strategic thinking）的習慣，也就是把一件事情從頭到尾、從開始到結果完全想透，在眾多方法中，選用最簡單、最快速的方法達成目的。當遇到每件大小事情都這樣做，自然就能養成習慣。

為下一代移民，藏學歷找工作

從東大取得博士學位後，爲尋找下一代教育的解決方案，我帶著一家人移居加拿大。主要是我對不管臺灣、日本或其他亞洲國家的塡鴨式教育與考試制度深感厭惡，自己深受其苦，而加拿大的開放、多元接近我心中所想的教育方式，所以在還沒有結婚對象時，就決定爲了下一代的教育，必須走出這樣的束縛。

雖然帶著家人離鄉背井，面臨很多的挑戰與困難，但令我最感安慰的是，我的兩個孩子，大約在中學時代告訴我太太，他們認爲爸爸最偉大的地方，就是選擇到加拿大，讓他們在這樣好的環境出生成長，享受童年及青年的生活，體會到學習與教育的樂趣。

人生的旅途上，事情不會都盡如人意，就像全家剛到多倫多時，正好碰到北美高學歷的失業潮，我在寄出千封履歷都未能順利找到工作的情況下，就先到一家大餐廳當洗碗工，主要是中午時間，看顧自動高溫洗碗機的運作，這份打工，一天工作約二個小時，就能賺到我們全家的伙食費用，其他時間，我除了繼續找工作之外，就是每晚帶孩子們到圖書館去看書，我讓他們想看什麼就看什麼，也因此，培養了兩個孩子喜歡閱讀的習慣。

這份工作剛開始時，我還能夠感受被其他餐廳員工看不起的感覺，不過我還是彎下腰把該做的事情做的非常好，同時改善工作流程，使得工作變得更有效率，自然就獲得了他們的認同與尊重。

我們看到有些人在能夠維持生活之後，即不再求發展，就像有些在北美的留學生，做了洗碗工之後，就安於一輩子做洗碗的工作，希望大家不要忘記自己最初的企圖心，更不要丟棄學習的心，我就是這樣堅持著，所以我常告訴人，我的人生就是學習，學習就是我的人生。

之後，我丟掉博士、碩士、學士的學歷，而改用在臺灣台北工專的學歷，終於找到一份製造潛水艇所使用排水設備的品管員工作，做了幾天之後，我的領班好意問我，下班之後，要不要去做兼差的計時工，那時大約是十一月中旬接近聖誕節，我們到西爾斯百貨（Sears），去做退回商品的分類與整理，這樣一週也可以賺幾十元美金（一小時約五、六塊美金），不過也因爲是晚上的兼差工作，我就無法帶孩子們到圖書館去看書，所以就買了一套兒童百科全書等書籍，讓他們可以在家閱讀。

由於兩個孩子已經培養起閱讀的習慣，讀起百科全書也覺得非常有樂趣。記得有段時間父母遠從日本到加拿大來探視我們一段時間。父親告訴我，我看你的兩個孩子，每天蹦蹦跳跳去上學，下午早早回家，也不見多做功課，但是我問他們什麼，他們什麼都知道，怎麼懂得這麼多？我想這就是養成閱讀習慣後自然所累積的成果吧！

剛到這個公司工作就感到相當不可思議，因爲他們所加工的鑄件不良率高達了百分之廿五，而大家卻習以爲常，一點也不覺得這麼高的不良率有什麼不對。

我一直思考改善不良率的方法，結果發現問題就出現在製造夾具的設備上，然後我滿懷興奮的心情向工程師報告，他聽完我的建議之後，就問我：「你知不知道這個夾具用了多久？」我說：「我不知道，因為我才來一個禮拜。」他很驕傲的說：「我告訴你，這個夾具從第二次世界大戰後就開始使用，之後，從來就沒有人對此提出過意見，你才來一周就說這個夾具有問題，我不知道它有什麼問題？最重要的是，現在所發生的不良率是公司可接受的。」

雖然如此，但我卻沒有氣餒，轉向廠長再次報告，於是廠長找了總工程師，但總工程師給廠長的回答是：「這是跟美國海軍所簽訂的合約，他們瞭解我們的製造過程，並會不定期派員來檢驗，如果我們要改變工程上的程序，是需要向他們報備的，這不僅是製造他們的麻煩，也會為我們帶來麻煩。」

廠長告訴我「總工程師不同意」之後，我還是不放棄，我想：從工程技術上既然無法說服他們改變，那就從另外一個角度來談。我製作了一張表格提出給廠長看，顯現出過去因為龐大的不良率，對公司造成多大的損失，而如果不良率降低，又能為公司創造多少的利潤。

廠長非常驚訝的說：「那我們就向總經理報告吧！」總經理看過表格之後，就問廠長：「眞是如此嗎？」廠長回答說：「確實如此。」總經理就說：「請他來，我要當面問問他。」總經理看到我的第一句話就說：「要投資多少錢才能做到？又要多久才能達成？」我回答：「不用任何投資，我可以在家畫設計圖，設計圖完成之後，只需要幾塊鐵板跟幾個工人的協助，二、三天即可完成。」總經理聽了之後，就說：「非常好，那就去做吧！」

幾天之後，進行一批二百五十個產品加工，沒有任何不良率的發生，大家都非常的驚訝，因此也點燃了公司願意改變的契機，而不到三個月的時間，我就從品管員升爲副廠長，也因爲當了副廠長，我才能將工學博士的背景提出來，名副其實地成爲工程師。

我在短短幾年內，更換多個工作領域，包括一九七三年任加拿大頓漢、布希（Dunham-Bush）公司副廠長，一九七四年任加拿大 ITE Industry 公司製造工程部經理，一九七八年就任加拿大奇異（GE）公司高級製造工程部經理、加拿大工商部 CAD／CAM 技術開發委員會委員，加拿大標準局鋁合金焊接技術委員會主席，加拿大先進技術顧問公司總裁。

在環境隨科技快速變化的時代，我經常說生涯是無法規劃的，我這一輩子所做的事情，都不在我的生涯規劃之中，因爲我們的生命常會因不同的機遇而改變。雖然生涯無法規劃，但是以下幾點，必須成爲我們的生涯意義（生命意義）：

一、**做有意義的事情**。我常在演講中提出，我們絕對不是爲了一份薪水，才在這裡工作，如果是爲了薪水，那我們可以到其他地方工作，而我們在這裡工作的原因是，因爲這份工作能對他人產生價值，對我來說，才具有意義。在我們的生涯中，也唯有做有意義的事情，才能讓我們證明自己的價值與存在的意義。

二、**做你喜歡做的事情**。想要享受我們的生涯，就必須選擇做我們喜歡做的事情，這樣才有可能做得好，做得好就能從工作中建立起尊嚴，並享受工作上的成長與成就感，達到熱愛工作、享受工作、享受人生的目的。

三、**擁有企圖、決心、承諾**。不管我們決定做什麼事情，即便這件事情是他人都不看好的，但是只要我們下定決心，對自己做出承諾，抱持不管遇到什麼困難都不退縮、不達目的絕對不放棄的態度，如此不管做什麼事情，都一定能成功。

我們雖然無法做生涯規劃，但必須懂得做「生涯學習」，把生涯學習當成我們的人生規劃，因爲有了學習能力，能夠學習不斷的充實自己，當機遇來的時候，不僅能夠掌握機遇，甚至還能創造機遇（轉換工作領域）。

而該如何做「生涯學習」呢？首先必須具備「學習如何學習」的能力，就是面對任何事情都有好奇心，因爲好奇心是引發我們學習的動機，有了動機之後，我們要有追根究柢的決心，千萬別人云亦云、馬馬虎虎或隨波逐流。

隻身留臺，參與臺灣經濟起飛

在北美豐足、幸福的生活，也因爲機遇與使命而改變。

我的人生因爲孫運璿、李國鼎、趙耀東這三個人起了變化，這次是爲我的出生地臺灣，尋找明日生機。

一九八〇年，我帶妻小欲返台度假，不料在機場被國泰航空告知，因小孩護照簽證的問題，被拒登上往台北的班機，本想就此算了。我靈機一動，請國泰航空電傳，請求李國鼎資政協助，想不到這一連絡有了進一步請益的機會。

李資政當時爲行政院政務委員，年紀已逾七十，但對於高科技如何推動經濟發展的工作，始終不遺餘力，尤其是爲國舉才的胸懷，更是令我感佩萬分。他指派專員接機，順利處理我返台的問題。

在我們見面的時候，他問我在加拿大的近況，那時我是奇異先進技術部經理。我記得他說：「在臺灣你應該都玩過了，不如看點別的。」於是在一個星期的假期內，他安排我密集參觀中鋼、中船、台機、台鋁及台塑齒輪廠，特派一位專員劉博士一路陪同，並記錄我對這些企業的優劣分析，及未來經營上的建議。

回台北後，李資政請我吃晚飯，並說出他對這份報告的觀感。他說，在過去幾年，已請了兩百多位返國訪問的學者專家去參觀企業，但是他們談得多半是營運規模，而我談的是經營、技術的技能知識（know-how）。若說李資政欣賞我的論點，我覺得是因爲我是經營者，而不是學者專家。

當時，李資政幾次提出希望我回國服務的要求，但因爲家庭的關係只能予以婉拒，不過我向他報告，即便無法回國服務，還是希望盡己之力提供協助，所以，這段期間，開始和李資政有不間斷的聯繫。

記得我們曾經討論過竹科的問題，因爲剛開始的竹科運作並不是很順利，他問我的看法，我說，竹科的設計雖然定位爲創新育成中心（incubator）角色，但是我們應該跳脫既有的思考模式，開放出口區的機制，後來竹科發展也朝此方向規劃，這也是後來竹科能成功的關鍵之一。

藉由這樣的聯繫與往來，我一直提倡臺灣產業必須升級的理念，一再強調「如果臺灣在八〇年代不投入自動化的改善，到了九〇年代，在世界的市場上，就看不到ＭＩＴ（臺灣製造）這三個字。」之後在李資政積極的安排下，我爲行政院長孫運璿分析美日等國自動化情形，在那場簡報會議上，經濟部長趙耀東也在場。

聽完後，孫院長當場向我表達自己原先的觀念是落伍、錯誤，臺灣一定要做自動化，對於國家首長竟毫無身段，如此謙沖的氣度，令我萬分敬佩；之後趙部長連續幾天找我長談，最後一天晚上他很感性的說：「我趙某人三十七歲才來到臺灣，到現在還在爲臺灣努力，而你是一個土生土長的臺灣人，難道不應該爲你的出生地做一點事情嗎？」這段話終於打動了我。

「推動自動化」一事促成了我歸國，但也使我更體悟這幾位長者對後輩的提攜。想想他們的爲人，做事的方法與決心都非常值得學習：尤其是解決事情的態度，遇到困難想辦法克服的精神。我認爲當時臺灣創下的經濟奇蹟原因之一，就是有一群這樣無私的技術官僚。懂得聽、懂得問，最重要的是懂得行動，抓到重點事項就不會放過，是政務官的典範。

一九八二年，我隻身回到故鄉臺灣，妻子與十三歲的兒子、八歲的女兒則留在加拿大，一家人分隔了兩地。原本計劃只留兩年，我如此對家人的承諾，第三年時即向李資政、趙部長提出回加拿大的要求，但兩位大老極力挽留，用民族情感不斷說服。李資政語重心長告訴他：「石博士你想想看，俞院長是財經背景出身，或許對生產力不甚瞭解，但對你非常重視！他特別交代要我好好照顧你！」。同時李國鼎也透露蔣經國曾告訴他：「將來要請海外學人歸國，都要請像石滋宜這樣的人。」

因爲使命與理想，也因爲知己伯樂，我留了下來，共同肩負產業發展的重責大任。當年，對臺灣中小企業而言，自動化是個新名詞，但若不及時轉型，產業將面臨接軌的困境，很快地將由落後，變成消失殆盡，爲了改變老闆們的觀念，我夜以繼日全台巡迴奔走，一天三場各三小時的演講，同時帶領自動化服務團與中國生產力中心，輔導成千萬上萬的中小企業。所以有人抬舉說我是臺灣「自動化之父」，我想這雅譽是承蒙自長官們的支持與厚愛。

很多人聽了我的故事，尤其是年輕人總會問，這樣的付出值得嗎？我說，我確實對不起我的家人，在孩子成長最需要父母親的關鍵時刻，我不能長時間陪伴在他們身邊。若不是與一群經濟菁英合力打造臺灣，我們難度過八〇年代新臺幣大幅升值的出口危機，成爲亞洲四小龍之首，是臺灣經濟發展的關鍵歷程，在九〇年代的全球市場得以看到「ＭＩＴ」（臺灣製造），與日後的ＩＴ產業榮景。我感謝太太與孩子們的諒解，讓我無後顧之憂的留在臺灣爲提升臺灣競爭力而努力，看到整個臺灣產業與中小企業蓬勃發展，人人有工作，家庭生活改善，社會安居樂業，對我來說，確實產生莫大激勵與感動的力量。

新思維模式的拓荒者

返臺之後，我做的事情就是「傳道」，不斷從國外引進最新的觀念、智識、技術……，協助臺灣的產業與企業升級，激勵領導者能帶領團隊不斷自我挑戰，所以我自詡爲「新思維模式的拓荒者」(New Paradigm Pioneer)，這是我引以爲傲的使命。

因爲臺灣的中小企業很多，我們所擁有的最大資源，不是資金、不是技術，而是勇於嘗試、敢於冒險的創業家精神。但在未來競爭中，我們更值得學習的是思維模式的改變，就是遊戲規則的改變。遊戲規則改變，就會產生新趨勢，整個世界也爲之改變。並且我認爲快速轉換思維模式應該從小就要培養，保留孩子最珍貴天眞好奇的天性，相信所有的可能，也願意挑戰所有可能。

我們培育孩子的同時，記得身教重於言教，父母必先以身作則，當孩子提出任何可能時，請拋棄過去「不可能」、「不行」、「不可以」的經驗，改變思維模式，鼓勵孩子勇於嘗試，很可能得到你意想不到的結果。

我們過去的成功模式，孩子不可能複製，環境改變了，我們也必須改變我們的思維模式，也就是從父母自身先改變起。所以我說：「任何偉大的改變都是從觀念開始！」，期待讀者在閱讀這本書時，先反求諸己，放下身段跟孩子一起學習，因爲父母比孩子更需要學習。

第一部

早期教育

用初心讓孩子贏在起跑點

1 零到六歲的人格奠定關鍵期

我近四十年的人生歲月都在爲提升臺灣競爭力而努力，深知人才是一切的根本，如何激發人的學習意願與興趣，正是我多年來一直探索的工作，於是我對腦科學產生興趣，並開始大量涉略相關書籍與論壇，發現早期教育是人格養成與培養學習力最重要的關鍵時期。

人類一出生就是一個靈活的學習者，是主動獲取知識和技能的行動者。人類具有學習特定領域知識的先天素質，幼兒主動地探究他們的世界，例如給他們玩具，你會發現他們有自創的玩法，這是他們藉由玩的過程中學習到新花樣，故嬰幼兒都具有很強的學習能力，所以學習是人類的先天素質，最好能培養孩子在最早的時期，就喜歡上學習，享受於學習之中。

格蘭・多門在《教你的嬰兒數學》一書中提到「學習是生命中最有趣，也是最偉大的遊戲。每個孩童與生俱來就有這種信念，而且一直相信這種信念，直到我們告訴他們學習是件無趣且困難的事。有些孩子則沒有遭到這樣的污染，並且終其一生相信學習是有趣，是世上唯一值得玩的遊戲。我們對這樣的人有一種稱呼，我們稱他們爲天才。」

也就是說，不管孩子學習什麼，都必須先引發他們的興趣，讓他們覺得很好玩，這樣他們才可能學得好。其實孩子有許多潛能，但是卻因爲教育方法的錯誤，使得我們都相信「不可能」，而成爲平庸的人，許多潛能也因此喪失。

每個孩子都有權利，選擇他喜歡的學習方式。例如，孩子有很強的適應能力，這種適應能力就應該被擴充與延續，使得未來不管面臨什麼樣的環境，都可以很輕易的適應，並在新的環境中活得很愉快。

但遺憾的是，現行的教育不能養成孩子的適應力，使得我們年紀越大就越不願意或說是越害怕改變，甚至在受環境逼迫改變之後，因爲毫無適應能力，就在沒有應變力的情況下，而無法面對現實。

美國著名的建築師巴克米尼斯特．福樂爾（Buckminister Fuller）曾說：「每個孩子都是天生的天才，但是我們卻把他們生命中最初的六年，拿來抹煞這些天分。」因此，不管是政府、教育單位、家庭都要認知到每個孩子都不同，他們應該有權利選擇自己喜歡的學習方式，在旁邊地大人們，只要懂得欣賞與鼓勵足矣！

■ 腦科學印證早期教育的重要性

其實腦科學不斷有突破性的進展，已是一門顯學，得過諾貝爾獎的日本學者利根川進氏（Sasumu Tonebawa），對腦神經細胞的研究不遺餘力，美國一位億萬富翁麥高文，計畫在二十年內，將捐款三億五千萬美元給麻省理工學院，這是有史以來最大筆的學校捐款，目的即是要創設腦研究所，供研究腦部之用。

有關腦的研究顯示，每個人腦的大小的差異並不大，腦部的刺激愈多，腦細胞長出更多的神經網線（AXON and Dendrites），神經網線愈密，表示思考愈周密。但這是在年紀小的時候就已定型，六歲已達百分之九十的成熟度。

也就是說，在六歲以前，人的學習力最強，吸收力也最廣泛，所以人一生的學習生涯中，「幼兒教育」是最重要的階段。SONY的創業者井深大就曾經說過，如果從幼稚園才開始教育孩子就太慢了！

臺灣一本有關宏碁電腦創辦人施振榮先生的童年成長傳記，他的母親陳秀蓮女士在書中談及如何教養獨子施振榮，「孩子在四歲之前就要教好，以後就很好教了；即使孩子很小，也不能打罵，因爲孩子雖然小其實已經懂事，有自尊心。」就腦科學來驗證井深大對教育的這段註解，以及陳秀蓮女士的經驗談，我非常的相信與贊同！

我一直主張要重視早期教育，就是屬於右腦教育，我認爲這個階段最重要是人格的養成。因爲在小孩的世界原本是沒有種族、性別、階級的偏見，沒有價值上的善惡，所有的認知，從懷胎開始都是經過學習而來，也就是後天的影響最重要。

小孩在成長的過程中，很容易受外界的影響，一旦養成習慣，就很難改變。在零到六歲時，就養成其正確的人格教育，那麼終其一生都是人格穩定的人，而我們現在煩惱的校園霸凌等事件，很可能就不會發生。

我認爲零到六歲時要養成的人格教育內涵是：

一、**誠實正直**：養成言行一致的習慣，不能欺騙別人，更不能欺騙自己。

二、**責任心**：爲自己所作所爲負責。

三、**榮譽**：勇於擔當，同時就會有求好的動力。

四、**尊重異見**：給小孩開闊的視野，養成懂得聽，尊重別人的想法，是民主教育的根源。

五、**分享**：懂得給予，你會得到更多，也是組織學習很重要的過程。

六、**創意**：在一個開放的心靈中，創造力將源源不絕。

注重早期教育的人格教育，使他們成爲情緒智慧（EQ）的資優生。

2

EQ教育要從胎教開始

教育體系的設計，應該上溯至出生的嬰兒，然後再銜接至兒童教育、基礎教育，以及之後的教育階段，並擴及橫向的家庭教育、社會教育。

因此我們應該在下一代剛出生的時候，就給予他們一個開放、多元化的「心」教育環境，使孩子在十六歲時就有大學生的成熟度，如此也無形提高國家競爭力，這就是我爲何一再呼籲重視零到六歲教育的原因。甚至延伸到胎教，懷孕媽媽的EQ教育上，基此，我常奉勸各國政府應該多將教育資源投入幼兒教育，而非高等教育之上。

我認爲政府應通盤進行系統性的思考，規劃出整個國家教育的前景，因爲現行無論是中外的教育體系，都是繼承過去的教育資源、經驗與方法，卻未能以近年來腦科學突破性的進展來重新檢視我們的教育，並遵從腦科學的新發現，去探索新科學的教育方法，以協助家庭與學校用正確的方法來培育小孩。

事實上，爲了要讓小孩能夠在早期教育的關鍵階段，獲得最好的家庭照顧，以健全未來的人格發展，父母親應該從懷孕產檢開始，就接受相關的教養知識。因爲小孩的教育絕非等到開始上學後，才交由教師教導，而是該由父母親準備孕育下一代就開始。當母親受孕三個月後，對小孩的教養即開始，這個階段，父母親的相處、家庭氣氛與情緒，都非常重要，會影響小孩未來的性格。

所以，零到三歲是教養最關鍵的第一階段，而三到六歲是教養關鍵的第二階段。因爲零到三歲是未來人格養成的奠基期，父母親以爲這個時期的幼兒什麼都不懂，所以只給予照顧，卻忽略教育。其實，這時期的幼兒就像一張白紙，學習能力極快，他正開始爲人生作畫，所以畫上任何一筆，對未來都非常重要，這時家中成員的行爲，都會深切烙印在幼兒的心中。

人腦在出生時都是一樣的，但亦有例外，例如有些母親在懷孕三個月後，開始和肚子裡的孩子透過以心傳心（Telepathy）的方式溝通，使母子間的關係更親密。另外，也有些小孩的腦細胞有連成網路的阻礙，使小孩產生機能的傷害。我要說明的是，每個小孩的大腦大概都是一樣的，都應該具有很高的學習能力。

母親懷了孩子之後的胎教，與孩子出生之後的教育，要比外在不良環境所帶來的影響還大很多，這是有根據的，一九九〇年以後腦科學已經證明，影響一個人最爲關鍵在於零到三歲，這個時期孩子雖然在母親胎中、懷中或與母親的互動，然而母親的思考、交談、心理反應等，都足以影響小孩，而這個時期的社會感染力卻非常有限。

曾經看過一則新聞：香港有個年僅兩歲的「電腦神童」，雖然還未上學識字，但是已經懂得操作電腦，不僅會自行安裝電腦程式，還會上網留意股市行情，其使用電腦的程度，不下一般的國中生。根據他的父母說，他剛生出來的時候和一般的嬰兒並沒有不同之處，但一歲時看到表哥玩電玩，就和電腦結下不解之緣。由於他的父母都從事於電腦相關工作，媽媽懷胎時也仍舊在電腦前工作，所以他媽媽把他的電腦興趣與能力，歸因與胎教有關。

我很認同胎教對孩子的影響，因爲胎教就是一種母親與孩子的溝通環境。加上出生之後，孩子耳濡目染的學習。我一直強調，環境對於孩子學習的重要性。而這種環境的自然學習，比特意塑造情境的學習效果更大。在兒童心理學上有個著名的「狼孩」例子，如果人被狼養大，他的行爲便會像狼一樣，而不會像人類的行爲。換言之，如果在養育小孩的過程中，用良好環境培養他們的品格、態度、情緒智慧（EQ），將是給孩子一生最珍貴的禮物。

3 卡爾．威特的教育

胎教之說本來是中國傳統文化的精粹，我們卻忽略了；西方也有胎教和早期教育的理論和實證，但一樣被忽視。

一百多年前，德國的一對父母就注重胎教和早期教育，並於一八一八年出版《卡爾．威特的教育》（Carl Weter's Educational Law），書中有一段敘述母親懷孕之後，就開始進行胎教，如在飲食方面，戒掉原本喜歡吃的炸鹹魚，因爲她認爲那雖然不是直接給小孩吃，但是透過她，小孩會吸收到過氧化物等對小孩不好的東西，她開始吃許多對小孩有幫助的蔬果等食物。在精神面上，她永遠保持快樂，即便在非常不愉快的情境，也讓自己能很快地跳脫出來。

這本哈佛圖書館裡的孤本藏書，應該是世界上最早論述早期教育的書籍，作者卡爾．威特是德國牧師，他認爲，小孩的成長最重要的是教育而非天賦。

爲了證明他的觀點，他用自己的教育方法用心教導他的小孩，結果小卡爾在九歲時，就能夠自由地運用德語、法語、義大利語、拉丁語、英語、希臘語等，並通曉動物學、植物學、物理學、化學，尤其擅長數學。小卡爾在九歲就進入大學，十四歲被授與哲學博士，十六歲獲得法學博士，其一生都在德國著名大學裡任教。

閱讀過這本書後，我感到非常地驚訝，一方面是我非常認同老卡爾的教育觀念；另外一方面，我感到惋惜，因爲這樣一本好的教育書籍，竟然被全世界的教育學者遺棄與忽略。

爲什麼我這樣認爲，因爲我教育自己的小孩，許多地方也是用了相同的方式，雖然我的小孩，沒有像小卡爾這樣出眾，但他們卻懷著感恩的心，享受著自己的人生。而翻譯本書的譯者，就是中國大陸**《哈佛女孩劉亦婷》**的媽媽，她就是受到本書的啟發，將女兒培養成出色的人才。

有一些父母在意基因或迷信優生學，認爲只要有優秀的基因或血統，小孩一出生就能比別人優越。事實上，基因的影響有限，後天的教育環境才是關鍵，出生之後給小孩的刺激（stimulus），例如：父母親陪小孩看書、聽音樂、玩遊戲，甚至於溝通，都是啟發小孩子動腦的方式。不同的環境，造就出不同的人來。

人從剛出生的一剎那，便開始以各種感官去學習，而且在六歲以前，人類的學習能力最強、吸收力也最廣泛。舉兩個同時出生，但是一個在臺灣，一個在新加坡的新生嬰兒來比較，到了六歲的時候，由於成長及教育環境的差異，他們在語文、異文化接受度、思考的多元程度等方面，便開始會有學習能力上的差距。這個例子並不是要比較其中教育制度的良否，而是要強調教育目的及系統的設計，應該上溯到甫出生嬰兒，然後再接後續縱向的兒童教育、青少年教育、成年教育，並擴及橫向的家庭教育、學校教育、社會教育。

想要培養出下一個世紀的領導人才，我們應該在下一代剛出生時，就給予他們一個開放、多元的「心」教育環境。

再者，教育方式應該多樣化。位於美國馬里蘭州的特異徵狀研究中心曾針對美國、香港及日本的學童做過一項學習特質研究，其結果顯示，一般而言兒童有三種不同的學習特質：

一、**活動式（Haptic）**：經由移動、接觸、及實際去做而學習。

二、**視覺式（Visual）**：經由視覺圖像而學習。

三、**聲音式（Auditory）**：經由聲音及音樂而學習。

以往制式的教育都要求兒童們乖乖地待在教室內，靜靜地聽、看及記憶。而這樣呆板的方式，自然會抹煞許許多多學習特質不相容的人。

一般兒童的學習中，平均有三七%是經由活動，二九%經由視覺，三四%經由聲音。因此採用多樣人性化的教學方式，不僅可以使得學習變得有趣、更容易吸收，也進而會讓學習變成終身有趣的生活方式。結合多元學習的教學目的及多樣的教學方式，我們才能培育出一個具多元思考、學習能力的人才。而唯有具多思考能力，我們才更能接受不同的答案、不同的思想。

4 幼兒身體學習有助發展

我們都知道人類整體的情感及高度的機能在大腦裡，而大腦分爲左、右兩邊，左腦屬於學術性的腦，掌管語言、邏輯、運算、短期記憶、順序等功能，右腦屬於創造力的腦，掌管直覺、旋律、圖像、情緒、想像力、整合等功能，左、右腦的功能對我們的個性、行爲及學習亦會造成不同的影響。

我們可以一邊聽音樂，一邊看書，卻不受影響，是因爲相連左、右兩腦腦樑的中樞神經相互配合的緣故，從我們出生開始，大腦就不斷的進行學習，這種自發的本能至死方休，而人與人之間產生差異性的主要原因乃是學習方法的不同，也就是每個人使用大腦的方式不同。

在腦細胞開發上，左腦易於接收訓練，右腦重在啟發，兩者的差別就如同熟練的技師與藝術家。熟練的技師可以藉由不斷的、反覆的訓練，挑戰人類的極限，而藝術家卻需要經由啟發、引導的方式進行創作，但創作的歷程並沒有所謂「人類極限」的問題。

有關大腦的開發，父母可以跟孩子一起進行深呼吸或冥想這類的放鬆運動，平息占據大腦的β波（顯意識），這樣對學習有幫助的α波（橋樑意識）才有機會產生，這種和人類潛意識頻率相似的α波，可以提高我們的學習效率。此外，對於事物保持著好奇心與熱忱也是快樂學習的良方。

我們會用「頭腦簡單，四肢發達」來形容人，但是這樣的話，正表示我們對於人腦跟人身體（肌肉）的不瞭解。人腦跟人的身體（肌肉）是不能被分離看待的，因爲人腦跟人的身體（肌肉）必須相互配合，才能使得人類的能量眞正有效的被發揮。

小孩的學習是透過不同的身體器官來吸取資訊，這些資訊會形成不同的知識，存於外部的刺激在他們的腦中，換句話說，是藉由外部刺激來感應某部分的腦細胞（Neuron），使其長出神經細胞之軸索（Axons），與另外一個或多個的細胞感受體（Receptors）相接，而透過資訊物質或稱為載物分子（Messenger Molecules）即是種生化物的（Biochemistry）神經傳導體各種荷爾蒙，如腦內嗎啡（Endorphin）、多巴胺（Dopamine），這些物質並非僅限於腦部，全身其他器官如肌肉，亦可能產生這種傳導體，使全身能夠迅速而有效的溝通，人體各種需求獲得平衡，而形成一個健康的人。

如果這種神經傳導體，無法互相溝通發生作用，則人體就會失衡而產生病痛，這時人也將無法振奮或集中精神，因此會發生情緒失控，進而使人失去學習能力，故表面上雖然花許多時間在學習上，但實際上卻沒有任何的學習。例如，小孩在看他喜愛的電視節目，父母卻硬要他們立刻關上電視先去寫功課，這時小孩一邊哭一邊寫功課，雖然最後功課還是會寫完，但是無知的父母卻不知道，小孩在這段時間，根本完全沒有學習效果。

因爲當情緒失控時，精神是無法集中的做事情。就好像老師在課堂上，發現小孩子精神不能集中聽課，不停的亂動或搗亂，就會生氣的以爲小孩是不乖或不聽話，而不能瞭解小孩是有特別的需求，這時老師如果用強制的方法使小孩坐著，或命令他不准亂動，結果小孩是不動了，並看起來乖乖在聽課，但實際上小孩的需求並未被滿足，自然也就不會有學習上的效果。

所以當老師遇到學生不能安靜下來時，最好的方法應該是給小孩幾分鐘蹦蹦跳跳的時間，或是給小孩一些身體整合的運動，如此效果會截然不同。爲什麼這時要給小孩做身體上的活動呢？這稱爲身體肌肉的運動，也就是所謂的「肌動學」（Kinesiology）。它是透過身體肌肉的運動，幫助生理進行調整「心智」和「意識」，換句話說，透過簡單的運動，來排解情緒性的干擾，以及身體上某個部分的不適，或不好的心理態度，而回歸到「生理」與「心理」的平衡（Harmonize Mind & Body）。

不要限制孩子的活潑好動

正如《換個腦袋試試看》這本書中提到，小孩子憑本能就知道什麼對自己最好：他們不時的扭來扭去、跑來跑去、跳上跳下，這樣可以加速修復受傷的組織，並啟動身體的平衡系統，以活化他們的前庭系統。《Sensory Integration and the Child》一書的作者謹．艾爾斯（Jean Ayres）就特別強調刺激觸覺和前庭（觸感與平衡感），對兒童健康的發展很重要。注意不足（Attention Deficit Disorder）的兒童需要許多前庭的刺激。

談這些最主要的目的是想讓大家知道，我們過去教育小孩，以及個人如何運用「自己的腦」是有認知上的錯誤，這也導致我們付出相當的代價。如果我們能夠對於我們的腦以及身體有更深切的瞭解，並且能正確的運用腦與身體，則每個人可以用十分之一的努力，即能更有效率的提升我們的學習能力，而使身體更健康，生活品質更提升，最終這個世界也將變得更美好。

其實要達到這樣的境界並不困難，只要大家能夠丟掉過去對「腦無知」的包袱，重新認知「人腦」與「身體」的相關連性。也就是腦可以帶動身體（肌肉）運動，同樣的，身體（肌肉）運動能激發腦，使腦的細胞更活性化。因此功課好的學生不見得不會運動，而且能運動的學生反而功課會更好，因爲他們的身體與腦全能的做了很有效能的溝通，換句話說，他們有能力把自己的能量（Energy）凝聚在高效率的心境狀態（High-Performance state of mind）。

記得自己小時候非常的好動，媽媽常無奈的說，我是一刻不得閒。到了上學之後，因爲非常喜好運動的緣故，所以把大部分的時間都投入到運動上，這時父母又很爲我擔心，覺得我實在花太多時間在打球跟運動上面，似乎都沒有用功唸書，其實父母的疑慮也不是沒有道理，確實在出國留學之前，我是喜好運動更勝於讀書。

我也是直到對腦科學發生興趣後，才知道我是因爲過去的好動，已經對生理跟心理奠下基礎，使得被稱爲工作狂的我，從來不爲工作上的繁忙與壓力所苦。

大腦跟我們的身體（肌肉）有密不可分的關係，不僅是小孩需要透過動來動去來紓解自己的需求，大人也是一樣的，在工作一段時間，就應該起來走動走動，或者做一些簡單的動作，使得自己的能量能夠處於比較好的狀況。而假日時，也不要懶惰以為睡覺才是最好的休息，事實上，到戶外走動，從事自己喜愛的運動，才是紓解我們大腦跟身體疲憊最好的方法。

第二部

家庭教育

用愛來發揮四心

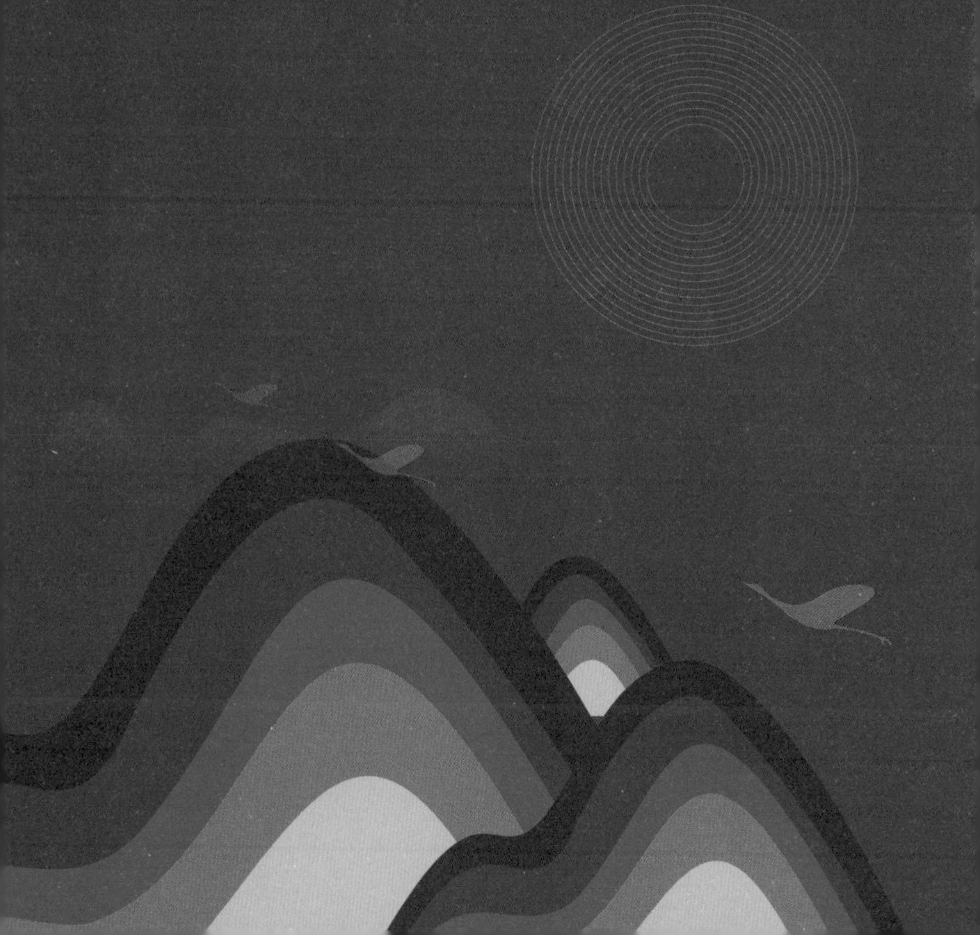

1 家庭教育要有四心

因爲工作的關係，讓我經常有機會和一些企業界菁英共同探討人生際遇，從他們提出的問題，及我所見聞的經驗裡，漸漸地我發現，有些人在工作上缺乏耐心、或喪失企圖心，又或者勇氣不足者，多和自幼人格養成有相當大的關係，而其中關鍵繫於父母的家庭教育。

一般而言，在中國傳統的家庭教育中，父母親對子女往往較爲嚴肅，不習慣將對子女的愛表達出來，相較於西方國家往往較爲含蓄與內斂，特別是爲人父者，更是如此；男孩從小就被教育「男孩子必須勇敢」、「男孩子不能哭」，受到這些觀念影響，故情緒的表達常顯得較爲壓抑。

所以，有人說「嚴父慈母」，足見父親「嚴格」的形象定位；但我認爲，不論是身爲父親亦或是母親，對於子女的愛都是相同的，無須刻意的壓抑、掩飾，或礙於年齡、輩分關係，使孩子對你產生敬畏之心而不敢親近你，我相信，任何一位父母渴望瞭解孩子、幫助孩子成長的心都是一樣的，但究竟該怎麼做呢？

首先，**建立「同理心」**。所謂「同理心」也就是將心比心，即站在孩子立場上爲其設想。我經常勸許多父母，不要對孩子擺出父母的威嚴，而是要做他們的好朋友，因爲朋友能讓彼此距離拉近，能夠更接近孩子的世界，瞭解想法，發揮同理心去貼近他們的需求和感受。這樣，孩子也比較願意將在外面的狀況或內心的感受，甚至秘密和父母無話不談地分享。

其次，**付出「關心」**。「關心」是要瞭解孩子，並對於他的痛苦或希望，從旁給予建議、鼓勵，絕對不是從中加以干預。很多父母，自認爲是一百分父母就是要什麼都爲孩子做好，絕對不讓孩子受苦或委屈，孩子想要什麼就盡其所能地幫他得到，甚至連孩子未來都幫忙規劃。我認爲，這不是關心，而是一種溺愛！溺愛的結果是什麼?導致孩子凡事以自我爲中心，承受不住挫折與失敗，善於抱怨，而喪失解決問題的能力及勇氣。

那眞正的「關心」是什麼?我認爲，是來自於信任及尊重，也就是信任他有處理事情與解決問題的能力，並尊重他的選擇決定，而給予肯定或表示支持;父母親唯一的責任，是幫助孩子塑造環境，提供優質的環境學習成長，讓孩子擁有自由選擇的權利、不施以壓力干擾，完全依自己的興趣、希望發揮。

第三，**賦予「耐心」**。舉個例子:有個孩子回家問父親「爸!我笨不笨?」父親回答「你這麼懂事怎麼會笨呢?」孩子又說「可是教師、同學都說我笨，因爲我考試的成績不好……」剛開始這位父親對孩子的問題相當有耐心，也希望能從中鼓勵自己的孩子，但隨著孩子提出的問題越多，這位父親也開始顯得不耐，於是順口就說「哎呀!你眞笨!」

想想，孩子是很天眞的，對於父母親所說的話會非常認眞，如果連父母親都說他笨，那他很可能一輩子都認爲自己很笨，而喪失自信心、產生自卑感。

所以，父母親在與子女溝通的時候，一定要有耐心，並用「心」來傾聽，循循善誘。

第四，**培養「企圖心」**。有很多父母親喜歡看孩子的缺點，即使孩子已經表現的很好了，仍舊會告誡孩子說：「你還不夠好，你還要更好！」一旦孩子得到的總是責備多於鼓勵，自然會對自己失去信心，而對父母產生排斥、反抗，最後很可能會因此放棄自己、走上歧路。

父母親很重要的責任，就是去看孩子的優點，並以鼓勵代替要求、責罵，幫助他把優點發揮；當孩子優點受到肯定，自然會產生自信心，相信自己有完成事情的能力，進而可培養出積極進取的「企圖心」。

希望所有父母都能懷以「愛」來發揮這四「心」，相信，你會成爲你孩子的好朋友，並引領他往更美好的方向前進！

2 加拿大教育重視人格養成

父母親除了給孩子生命以外，更要讓孩子能夠享受生命的眞義。

在我結婚之前，就開始思考將來我的孩子，應該在哪個地方接受教育。我在臺灣接受過十多年的教育，後來又到日本東京唸書，我發現臺灣與日本的教育，都是塡鴨式的均質教育，都是把人教導成考試的機器人。教育應該是要讓孩子有快樂的學習環境，讓他們依自己的特質與興趣去學習與發揮。

我的兩個孩子曾經告訴我，他們認爲自己很幸運，因爲爸爸給了他們一個最好的學習環境，他們很滿意這樣的生活。主要原因是他們在學習過程中沒有壓力干擾，所以能學得多，也學得好。我和我的太太從來也不曾要求他們應該學些什麼，將來選擇什麼樣的職業，我們完全尊重他們所選擇的人生。

事實上，父母除了給孩子一個良好的環境以外，在孩子成長的過程中，更重要的是，培養孩子正面的人格，讓他們能有愛心，關心人、關心事物、關心環境，並能尊重他人，這方面也才是父母最重要的功課。

舉例來說，我們的孩子在嬰兒階段，因爲不會言語，常常會哭，許多父母以爲，孩子就是喜歡哭鬧，要父母抱，抱習慣了以後就很難帶，所以不去理會他，等到他哭累了自動就會停止，但是孩子哭是因爲他需要幫忙，這時候如果父母不給予幫助，孩子會感到無助，認爲沒有人願意幫助自己，漸漸就會養成冷漠的人格。

還有，許多父母在孩子做錯事時，什麼都不說就先指責甚至開打，讓孩子因爲怕處罰下次不敢再犯，但是孩子如果下次再犯，他知道會被處罰，就學會湮滅事實，養成不誠實的習慣。在孩子做錯事時，父母首先要溝通，告訴他，他做錯了什麼，理由是什麼，讓孩子眞正明白自己犯錯了，這樣他就不會重複犯錯，即便未來再犯不同的錯誤，也能勇於面對，然後找出解決問題的方法，如此也才能奠定孩子正直誠實的人格。

出借玩具，懂得分享

加拿大的教育自由開放，我的二個孩子在中學、小學、幼兒園階段。早上他們九點出門一路玩到學校，下午二點又從學校一路玩回來，回來之後，他們不參加補習，就是玩遊戲跟閱讀，但是他們的程度卻不比在其他國家拚命補習的學生差。

理由是什麼？這是因爲加拿大的教育，注重於孩子的人格長成，他們鼓勵學生到圖書館借書，培養閱讀課外讀物的習慣，讓孩子從閱讀中，獲得人生的智慧，同時，鼓勵孩子從小就有爲他人著想的同理心。

記得兒子 Ken 五歲時，有次我參加幼兒園的親子活動，老師跟我談的不是孩子的學習問題，而是孩子的教養問題，她問我：「Ken 是不是獨子？」我說：

「是」。她說：「我發現Ken不懂得分享，這是許多獨生子女的問題，希望爸爸能多注意。」

後來，我就跟老師一起努力，在生活中對Ken進行機會教育，例如有朋友來家裡玩，小朋友想玩他的玩具，但是他占有慾很強，就是不願意把玩具借給其他小朋友玩，弄得不歡而散。我就告訴Ken，朋友到家裡來玩，是喜歡你的表現，他們喜歡玩的玩具就先借給他們玩，他們會因爲你借他們玩具而感到很快樂，我相信你一定很喜歡分享快樂給其他小朋友，這樣以後小朋友就會很喜歡到我們家來跟你一起玩，就算你也想玩這些玩具，就等他們回去後再玩啊。在多次藉由這類的機會教育後，Ken逐漸能夠瞭解「讓別人快樂，自己更快樂」的好處了。

很多父母都怕孩子輸在起跑點上，造成只注重孩子智能的發展，卻忽略了孩子人格教育與全人發展的重要性，如此將造成孩子的學習範圍變得很狹窄，只關心自己，對其他人事物都漠不關心，這是非常可怕的現象。

曾經有一位家長看了我的文章，有感而發的說：「您提到教育的問題在於，我們讓孩子以爲『可以不善良，可以自私，可以冷漠，但就是不可以成績不好……』，這句話讓我感受很深。」的確，如果教育只是培養一群很會考試的學生，卻不知道如何做人，眞是枉然。

我們的家長都是在教育體制內長大的，自己做了父母，絕大部分的家長，也只能在整個潮流中隨波逐流的要求孩子考高分、考上好學校，對最重要的：如何健全孩子人格、學習如何學習、思考力、創新力，以及讓孩子擁有強烈的企圖心，成爲懂得並享受人生眞義的人，竟無力鼓勵孩子去追求！

家事分工，學會分擔

孩子是每個家庭的寶貝，父母無時無刻不在想要給他最好的東西，但是家長是否知道什麼是對於孩子眞正的好？是讓他養尊處優？還是給他享受不落人後的物質生活？當然不是！那到底我們該給孩子什麼呢？答案是「以身作則」，在生活中潛移默化的讓孩子對於生命充滿感謝與感動。

曾聽過洪蘭教授的演講，她分享到如何在生活中跟孩子相處，由於她的孩子在臺灣接受教育時受過挫折，所以不喜歡中文，爲此，她去找了許多非常好看的章回小說與歷史故事，每天讀給孩子聽，因爲這些故事不僅有趣，而且包含了許多「道理」在裡面，在潛移默化中讓孩子薰陶到寶貴的中華悠久文化，所以她很建議父母們應該多利用時間跟孩子一起閱讀，一同分享，一同成長。

每當洪蘭將故事讀到最精采的地方，她就會告訴孩子，媽媽要去洗碗了，其他的明天再繼續讀，但是這時候孩子正聽地津津有味，怎麼有耐心等明天分曉呢？所以就會主動告訴媽媽，媽媽我來洗碗，請妳繼續讀給我聽。結果洪蘭屢試不爽，很快的孩子已經習慣幫忙媽媽掃地、拖地、洗碗……等家事。

我太太對待孩子也是一樣的，因爲太太是家庭主婦，所以她能夠全心全意的照顧孩子跟我，孩子到了小學三、四年級，都已經會幫忙做家事了，有時候我從臺灣回到加拿大，看到他們在洗碗、鋤草等，我就告訴太太，這些事情不要讓孩子做，我們買一台洗碗機，還有顧人來鋤草不就好了，天氣這麼熱，孩子會中暑的。結果太太堅持不肯，因爲她認爲孩子從小就必須訓練他們懂得爲他人著想，知道不推諉工作，才能從工作中學習到如何去適應環境，到了外面的團體，自然就懂得跟他人「有福同享，有難同當」了。

父母教導孩子，不要讓他們害怕吃虧或吃苦，其實勞動對孩子來說，是一種鍛鍊，是在生活中「做中學」的功課，讓孩子懂得分享生活中的酸甜，也懂得分擔生活中的苦辣，如此孩子就能在分享與分擔的過程中，因爲懂得付出與責任，而對人事物產生感謝與感動地情懷，更能開心的成長。

我自小的庭訓是「孝順是一個人做人的根本，必須是發自內心，形諸於日常生活的具體表現。」所以，爲了我的孩子們將來能孝順祖父母，在他們出生後，家裡都用臺語（閩南語）溝通。因爲我的父母僑居日本，僅會說臺語和日語，而我太太的家人都在臺灣，講的是臺語和國語，因此，移民加拿大的我們選擇教孩子們說臺語。如此一來，他們才能與長輩溝通，彼此能相處融洽、盡孝道。

有一年暑假，我的父母到加拿大多倫多，但我太太正巧回臺灣陪我，當時兩個孩子，一個讀高中，一個讀國中，他們就肩負起照顧阿公、阿嬤的責任。爲了幫在七月二十五日同天生日的阿公、阿嬤慶生，而且還希望特別一點，最後他們想到阿公、阿嬤最喜歡吃就是臺灣的「潤餅捲」。但是，過去都是我太太做，而多倫多的餐館也沒賣這種食物，爲了這個特別的驚喜，他們決定親手做給阿公、阿嬤吃。當時他們利用越洋電話及傳眞，請教我太太該去何處買材料？該如何準備食材？怎麼製作做潤餅捲……等。到生日當天，他們爲阿公、阿嬤舉辦了生日慶祝會，邀請了親友一同參與，我父母看到孫子們的精心準備，甚至爲他們做了臺灣的潤餅捲，內心滿是歡喜與感動。我父親還爲此特地打電話回臺灣，要我謝謝我太太，把兩個孩子教得這麼好。

以我與我孩子互動的經驗，深刻感受到家庭教育的重要性，從小時候的教育開始著手，讓孩子懂得孝順的眞諦，可以看見他們在許多細微的人際相處上的和諧與圓融，此正應驗了中國俗諺「家和萬事興」。

女兒兼職當保母學會助人

我常說：「爲他人的利益著想，你將獲得最多。」

爲他人著想容不容易做到？可以說很難，也可以說很容易，關鍵就在於「環境」，也就是說，只要有「環境」，讓人嘗試並體驗到好處，就會喜歡並習慣於這樣做。

曾經遇過許多人，有些人在工作場合中，總是爲人著想也很樂意幫助他人，根據我的經驗，這些人往往較容易成功或獲得成就，這是因爲他們的朋友、夥伴、客戶，不管有誰遇到了問題，首先想到最可信任的對象就是他們，事實上，問題中總帶著機會，危機也能化爲轉機，能夠在別人需要幫助的時候體貼的伸出援手，當你有困難的時候，絕對是「德不孤，必有鄰」。

孩子的團體是社會的縮影，如果我們的孩子在班上或團體中，總是發自內心的善良，擁有樂於助人，願意爲他人著想的態度，我想孩子未來的人生路，父母是可以大爲放心。

這也使我想起，加拿大的法律規定，孩子不能單獨在家，至少要有一個十三歲以上的人陪伴。因此，我的女兒十三歲起，假日就開始幫鄰居當保母打工，我看每週都有很多家庭打電話來，希望她去幫忙陪伴孩子，很好奇的問她，爲什麼有這麼多家庭喜歡找妳？

她說，因爲她是盡心在陪伴孩子，有時候她會教他們摺紙，有時候教他們畫畫等等，孩子覺得很有趣就會玩得很開心，但是她的其他同學去當保母時，都是自顧自的吃東西，然後整天看電視，孩子自然會覺得很無趣。所以每當有鄰居父母親要出門，每個孩子都吵著要我女兒去陪，而願意付出更高的費用。

我女兒的作爲，完全是出自於她喜歡孩子，她眞心希望跟孩子相處的時刻，孩子可以玩得很開心，就因爲她懂得爲人著想，因此能獲得孩子跟家長的喜愛與信任，這不正是爲他人著想，你將獲得最多的例子。

3 父母身教是家庭教育關鍵

環境對人的成長有著非常關鍵的影響，所以給孩子的五感接觸，就不能太輕忽。

有些朋友說，現在的媒體實在太混亂，太過吸引孩子的目光了，使得孩子只喜歡用手機、iPad 或看電視，而不喜歡看書，因此就用沒收或禁止等強制手段，但是處罰的做法是否正確？我認爲如果父母能做到確實把關，孩子能做到自律才是最好的方法。我們很容易發現，許多家庭是父母要求孩子去寫功課，自己卻在客廳大看電視或手機滑不停，讓孩子的注意力受影音干擾，除了內心不情願寫功課以外，心思也完全不在課業上。事實上，「身教重於言教」這句話正是告訴大人們，以身作則的重要性。

日本曾經做過一個調查，有七〇%的媽媽，都自認爲很瞭解自己的孩子，但是，孩子認爲父母瞭解自己或知道自己在做些什麼的，卻只有二五%，這之間的認知差距眞是懸殊。家庭教育扮演相當重要的角色，父母親是否眞正關心自己的孩子，這裡的關心絕對不是物質層面，而是精神層面，我們要讓孩子的生命活過得豐富且有意義。

談到豐富，所指的不是孩子讀了多少書或補了多少才藝，而是透過一種眞誠的「家庭對話」，瞭解孩子對於環境的感受，以及對自己的期許，眞正瞭解孩子喜歡的是什麼？然後適時地幫助他往理想與目標邁進。

父母有正面回應，孩子就願意表達自己想法。父母親應該是最瞭解自己孩子的人，孩子的反應與需求，往往會透露出他們的心境與想法，如果父母親可以正面的回應，孩子就會越願意將自己的想法表達出來。但是，如果父母親總是敷衍或給予負面的回應，隨著孩子越來越大就越不會把心裡的話說出來，因爲他們認爲講了也沒有用，認爲父母親根本不瞭解自己。

許多父母會以成績來評量孩子的好壞，當孩子成績考得不理想時，父母的表現與責罰，往往會觸傷孩子的心靈，使他們感到挫折，尤其孩子的觀察力相當敏感。記得一位朋友曾說，她從來沒有告訴家裡的孩子希望她考一百分，但是有一天孩子卻告訴她：「姑姑，我知道您希望我每次都考一百分。」這時她才體會到，雖然大人的嘴巴不說，但是表現出來的期望與行爲，卻同樣會造成孩子的壓力。事實上，身爲大人的我們都明白，孩子是不會因爲負面的責罵、處罰而越考越好，反而會因此討厭學習而對自己失去信心。

尤其在AIOT時代，資訊取得快速，環境也有了重大改變，父母親跟孩子如果沒有相同的經歷，看法就會產生極大的差異，加上溝通不良，之間的距離就不是代溝足以形容。

網路僅是一個工具，正面的善用它，它可以帶領我們遨遊世界，快速取得許多有意義的資訊。相反地，如果負面的拿它來消磨時間，網路交友、電玩、色情……等，可能就會使得孩子不當的沉迷其中，荒廢了時間與生命。其實，父母親應該探討的是，孩子為什麼寧願上網聊天，卻不願意跟你多說一句話？

因此，父母親必須面對現實，不能再以自己過去的成長經驗，反應到現在孩子的成長經驗，更不能以「孩子什麼都不懂，聽大人的就對了」來教導孩子。

當孩子問父母問題，父母親如果不耐煩的說：「問這麼多做什麼？長大以後你就會知道。」父母親以為這樣的回答，孩子就會死心，結果孩子在父母身上找不到答案，就到網路搜尋或透過即時通訊，去找答案或問問題，不管他找到的答案正不正確，可以確認的是，孩子以後有問題漸漸就再也不會跟你分享了。

孩子總有許多的疑問，但是現在的大人卻不能真誠親切的回應，事實上，環境變化莫測，人生變化無窮，所有的疑問也不可能僅有單一或標準的解答，也就是說，答案本身可能來自於父母的經驗，重要的是，大人是不是真正關心孩子的態度才是最重要的。

用心傾聽孩子心聲

日本千葉大學教授明石要一，曾對於日本戰後六十年，孩子的教育進行研究，在戰敗後最初的十五年，社會環境相當的窮困，但是人與人之間的交往，卻能擁有互相照顧的親切感。對於孩子的道德教育也相當重視，尤其從平日長輩的言教中，孩子知道不能說謊，要認眞努力的讀書過日子，對於所有的東西都要懂得珍惜，吃飯時碗裡一粒米都不能剩。

除了家庭教育以外，鄰居長輩也會關心別人家的孩子，例如孩子一起玩時，做了危險的動作或打架，只要有大人看到，不管是不是自己的孩子，都會主動的勸說與糾正。不過現在的社會則不同了，別人家孩子頑皮，那是別人家的事情，大家都不願意多管閒事，深怕自找麻煩，這是受到整個大環境的影響，因爲現在的家長都捨不得教育孩子，別人又怎麼幫忙去教呢？

而明石教授就針對小學四年級、六年級、中學二年級共計八百二十四位學生進行調查，瞭解他們心中最疑惑的問題是什麼？結果最多的疑問依序如下：有六一・四%的孩子想知道「爲什麼不能不讀書?」，超過五十%的孩子想知道「爲什麼一定要到學校上課?」由此可知，大多數的小朋友都不喜歡讀書。

其他疑問還包括「爲什麼被生出來?爲什麼不能打電玩?爲什麼不能反抗長輩?爲什麼一定要幫助別人?爲什麼世界上有男有女?爲什麼以後一定要上班?爲什麼長大後就要結婚?爲什麼不能遲到?爲什麼遇到鄰居一定要打招呼?爲什麼要搭車時一定要讓位給老人?」

看到上述的問題，許多大人大概會回答，那來這麼多的問題，或者是說，長大就自然會知道了，我們不都是這樣長大的嗎?不過從這些問題中，我們也可以感受到，現代孩子對生命的無奈。

事實上，孩子期待的不是正確答案，而是大人關心的回應，就像是有些孩子會故意做錯事情，引起大人的注意，當大人注意到責罵時，他反而會假裝大聲哭泣，就是希望得到大人的安慰。人的本性就是希望被關心、被尊重，我們對待子女除了外在物質的供應以外，更重要的是，要懂得關心、愛護、尊重他們。

4 學習欣賞孩子的優點

我們都擅於發現別人的缺點，卻常對別人的優點視而不見。

曾閱讀由靈活出版社出版的《一次讀完八本教育學經典》一書，其中談到賞識教育法，這是介紹中國大陸一位偉大的父親周弘，他擁有一個幾乎全聾的孩子，一開始他從無法接受，認爲自己對不起孩子，直到他看了一部電視劇，劇裡面的主角爲了百分之一生存可能的女兒，付出了無盡的父愛，深受感動之下，決定一定要爲女兒打開有聲世界。

剛開始他尋遍名醫，希望讓女兒能夠藉由醫學獲得聽力，但是結果卻令人失望，於是他改變策略，開始幫助女兒說話。有一次他背著三歲的女兒婷婷，一路指著路燈不停的向她大叫：「燈」，見到一個大叫一聲，四十分鐘大叫了五百多聲，女兒卻無動於衷。

但是他仍然不放棄，又轉而開始教女兒文字練習，他自己發明了母語玩字法，就是將對女兒所說的每一句話，都寫在牆上、地上、桌子上、身上、等任何地方。父女倆每次到戶外遊玩，回來後身上總是寫滿了字。終於語言慢慢的進入了婷婷的潛意識中。

周弘說：「那怕天下所有的人都看不起你的孩子，做父母的也要眼含熱淚的欣賞他、擁抱他、讚美他，因爲每個孩子的生命都是爲了得到父母的賞識來到人間，你的孩子是世界上最美好的。」

他學習鼓勵女兒，就像女兒問他：「爸爸我的聲音好聽嗎？」他回答：「妳的聲音好像一串串珍珠，棒極了。」當八歲的女兒背出圓周率一〇〇位時，他說：「妳就是天才，這就是證明。」當女兒有一次數學考不及格時，他說：「太好了，妳不是要當海燕嗎？現在暴風雨來了。」女兒的智商只有一〇五，他說：「智商只能測出記憶力，無法測出悟性、靈感，而妳正是這方面的天才。」

就在周弘熱切的鼓勵下，婷婷在十六歲時成了中國大陸第一位聾人大學生，二十歲時被美國加勞德特大學錄取爲研究生，當人人都稱女兒爲神童時，只有他知道女兒很普通，女兒的成就，都是來自於讚美的結果。

人是需要被時時鼓勵與讚美的，不管是家長或教師，都應該懂得欣賞孩子，由衷的來讚美孩子。

聽其言並觀其行

一次對企業家進行演講，演講過後，有位女企業家問到，如何讓部屬改變？現場企業家朋友一聽到這個問題，大家都笑了，我還沒有回答，就有一位企業家說：「妳應該先想想如何改變自己。」。

我們每一個人都一樣，從來沒有放棄過要改變他人的念頭。在公司，老闆希望同仁改變，同仁希望老闆改變；在家裡，太太希望先生改變，父母希望小孩改變等等。

換句話說，我們一直存活在希望他人改變的幻想中，卻因爲幻滅而變成冷漠。事實上，如果我們要求別人改變成我們期望的樣子，那一定會失望。但我們可以幫助一個人，何況是我們摯愛的孩子，成爲他自己希望的樣子，這樣就比較有建設性且容易達成了。

二千多年前，孔子就已經告訴我們，「始吾於人，聽其言而信其行；今吾於人，聽其言而觀其行；於予與改是。」《論語．公冶長篇》

意思是說，以前我聽一個人講什麼，就相信他的行爲。但現在不同了，我已經知道，不僅是聽一人講了什麼，還要看他做了什麼，是否言行一致。而這個改變是來自於宰我的啟發。

孔子不是批評宰我不好，而是對宰我的感慨，孔子認爲宰我是一個有思想與才華的人，將來一定能夠有所成就。不過宰我的精神與體能狀況不好，因此孔子才了解到，一個人就算有思想與才華，但沒有好的精神與體能，也難成就大事。

從這裡我們可以學習到，不要判斷人，而是要去瞭解人，換言之，不要用我們的思維模式去以爲或想像，而是要傾聽孩子所說的，看看他有沒有去做他所說的，如果父母習慣於這樣做了，就能夠更親近與了解孩子，也能幫助他，成爲一個說到做到，言行一致的人。

當然，對於我們自身也是一樣的，我們所說的，是否跟我們所做的一致？如果不一致是什麼原因造成？是我們習慣於信口開河，還是力有未逮，或是像宰我一樣有心無力。自我檢視過後，就可以調整自己的言行，使自己先成爲言行一致的人，信守承諾，也才能期待與幫助孩子成爲言行一致的人。

先同理孩子再講道理

許多父母親過於溺愛自己的孩子，導致孩子像似「小霸王」，自私自利的只想到自己，而完全不顧他人的感受，包括他至愛的親人。這樣的孩子無論走到哪裡，習慣於我行我素的態度，必定讓人不舒服，不僅得不到人的尊重，甚至會被人看不起，父母千萬別在孩子幼年時種下這樣的因，讓孩子在成長的過程中收這樣的果。

曾看過一篇令人感動的文章，這篇文章談到是，作者在普吉島的 ClubMed 渡假村擔任中英文翻譯公關時的一次經驗。

有一天，一群孩子在網球場上網球課，課程結束後，工作人員（一位年輕的日本小姐）將小朋友集合，然後帶隊回到渡假村大廳，這時工作人員再次點名才發現少了一個孩子，她非常緊張的回到較爲偏遠的網球場，發現一個約四歲的澳洲孩子，因爲飽受驚嚇正嚎啕大哭中。

工作人員滿心歉意的將孩子帶回飯店大廳，一方面不斷的安慰他，另外一方面則立刻通知孩子的媽媽，孩子的媽媽很快出現了，她看到孩子哭的非常傷心，一旁的工作人員則很心虛，以爲這位媽媽一定會非常生氣的責備工作人員，或對飯店提出抗議。結果，令人意想不到的是她蹲了下來，很理性的告訴孩子：「已經沒事了，這位姊姊因爲找不到你，而非常的緊張難過，她不是故意的，現在你親親這位姊姊，安慰她一下！」當下孩子就停止了哭泣，墊起腳跟，親親蹲在他身旁的工作人員，並且告訴她：「不要害怕，已經沒事了！」

想想如果你是這位媽媽你會如何處理？你能夠如此冷靜與充滿智慧嗎？

我常看到許多父母在吃飯的時候，總是將最好的東西先夾給孩子，孩子吃飽了自己才吃，也有不少父母自己去餐廳或出國去玩，沒有帶孩子就會掛念或感到罪惡，這些表現都會使得孩子唯我獨尊，以為什麼事情都是「理所當然」，完全不顧慮其他人的立場，這樣不是愛他們，反而是害了他們。

我們要給孩子的絕對不是物質上的享受，而應該給他們的是，能夠快樂過活的能力，就像是企圖心、同理心，還有最重要的愛心。

以身作則，勝過大道理

宏碁集團創辦人施振榮先生曾說過，在他一生中，影響他最大、最重要的人就是他的母親──施陳秀蓮女士，宏碁人稱她「阿嬤」，阿嬤生前是一位受人敬重的長者。施振榮的父親在與阿嬤結婚七年後，因病早逝，這位堅強的母親憑著一股毅力，獨立撫養獨子施振榮長大成人。

施振榮曾經過說一個他成長的故事，我聽了之後深受感動。他說，他小時候個子瘦小，常受到其他孩子欺負，回家向母親哭訴。結果，母親竟然要他反省，並帶著他到那些同學家道歉，而不是去討公道。

遇到這樣的情形，阿嬤不僅不是去告狀，反倒還登門道歉，更讓那些孩子的家長感到不好意思。明明是自己孩子不對，還讓人家帶著孩子來登門道歉，實在說不過去。於是好好的管教自己的孩子不可以再欺負別人，有些甚至要自己的孩子，把施振榮當成好朋友多加照顧。因爲阿嬤的這番舉動，孩子們再也沒有欺負施振榮了。

當時的阿嬤是如此有智慧與高EQ知道自己是年輕寡母，沒錢、沒勢、更沒拳頭，如果只是去爭一個公道，就算吵贏了，也只是一時的精神得意。但是欺侮人的孩子和他的家長，卻不了解社會弱勢者的爲難，在話頭上落了下風，事情已經照常規處理，過了就算了，不會有對自己的教養需要加強的慚愧心。不懂事的孩子，更會心生怨恨，而有報復的念頭，這樣一來，往後施振榮挨打的機會可能會更多。

子曰：「躬自厚，而薄責於人，則遠怨矣！」《論語．衛靈公篇》

孔子說：「多反省自己，少責怪別人，這樣就不會招人怨恨了。」我想，阿嬤就是做到孔子所說，多批評自己，少責怪別人，不僅不會招人怨恨，更化解了生活的困難。

在施振榮的為人處事上，我們常可以看到阿嬤的影子。阿嬤以身教代替言教，成為施振榮的學習榜樣，這是阿嬤給施振榮最大的財富。

想想現在社會上的「富二代」或「富三代」，不少是仗恃著父母給他們的財富與靠山，在外橫行霸道，自私自利，為富不仁，或者兄弟姊妹因爭家產反目成仇、對簿公堂，這是最大不孝。探究其原因，為人父母者的身教甚是關鍵。

金錢與權勢都可能有揮霍殆盡的一天，這些富驕的孩子們，未來將如何面對社會的競爭與壓力？這一點，請父母們多加思慮，想想我們要留給孩子的眞正財富是什麼。

5 用三語重點教育下一代

世界是平的，未來孩子們的競爭者不會侷限在一個範圍，他的競爭對手可能來自不同國度，來自四面八方。

我們看事情跟思考問題，非常容易侷限在一個範圍，使得視野跟胸襟變得狹隘，誠如，我常告訴在臺灣的企業家，不能只站在玉山山頂看世界，也要懂得跳脫到外太空，從外太空看整個地球，這並不是笑話。曾經有人說，我們生長在臺灣就應該用在地的眼光來看事情，但就因爲我們生長在臺灣，已經習慣於以在地的眼光看事情，視野與心胸因此被侷限住，才需要提醒自己要站到更高位置俯瞰全局。

所以培養孩子的語文能力是非常重要的，父母要做的是培養孩子對語文產生興趣，想盡辦法幫助他們把「三語」學好，因爲中文跟英文是世界二個最重要的人與人溝通的語言，程式語言則是人與機器溝通的語言，只要孩子能夠把三語學好，具備了良好的溝通與理解能力，孩子喜歡學什麼就讓他們學什麼，讓他們專注在他們喜歡的事情上面。

曾有一位朋友來訪，他從臺灣的高中畢業之後，就選擇到法國念書，直到取得博士學位，現在在加拿大工作，他說因爲工作的關係，有機會到世界各地出差，曾到北京參觀了一所語言補習機構，他驚訝的發現，外國人學中文的學生，要比中國人學英文的學生還要多得多。

他馬上聯想到二件事情，一是一定要將自己在北美出生的女兒中文能力培育好（他的太太是外國人，當時女兒約二歲），二是他看到廣大的需求與商機，決定在北美的企業推展中文教學。

我到中國大陸訪問期間，經常入住一些高級飯店，總能看到不同國家的人，尤其是帶著孩子的，我特別觀察這些孩子，他們跟父母是用他們的母語溝通，但是跟飯店的服務人員則是用中文溝通，而且講出來的中文語調非常的標準，可見這些外國人對孩子學習中文的重視。

家長們對於孩子，總是過於的擔心與保護，其實培育孩子一樣抓住重點就好。最近一個親友爲他就讀國中的孩子傷透腦筋，他煩惱孩子因爲壓力大，越來越不愛讀書，性情也變得叛逆。我建議他，做父母的只要將孩子的品格跟語文能力培養好，讓他們具有同理心，有屬於自己的興趣，等到孩子高中畢業後，如果家長有能力，就陪同他們從世界上選擇出具特色的大學就讀，不斷地在自己喜歡的領域中發展，眞正享受求學的樂趣，未來出了社會也能繼續發展他們的專長。

除了擁有良好的人與人溝通的能力外，人與機器的溝通與應用相形重要，不是每個人都要成爲開發者或電腦工程師，但每個人都要學習共通的程式語言。思考是寫程式(Programming)必要的邏輯，更可變成智慧，誠如蘋果電腦創辦人賈伯斯說，「我覺得每個人都應該學習程式語言。學習編程教你如何思考，就像學法律一樣。學法律並不一定要爲了做律師，但法律教你一種思考方式。學習編程也是一樣，我把計算機科學看成基礎教育。」

在AIOT時代，未來孩子們所處的環境將是概念化社會，將越發尊重個人與注重個性化，他們必須開創新局，玩新的遊戲，而我們老舊的觀念跟教育方式，不應限制住孩子們的發展。

十個碩士學位的啟示

班傑明．波爾格（Benjamin Bolger）得到哈佛大學的設計專業博士學位。驚奇的是他可能是現代史上擁有最多高等學位證書的人，年僅三十二歲，已擁有牛津、劍橋、哈佛、史丹福、哥倫比亞大學等知名學府頒發給他的十個碩士學位。

更令人驚訝的是，他從小就是一個閱讀障礙症患者。小學一年級被診斷出後，待過許多小學，教師放棄了他，她母親決定自己教，她告訴班傑明不要認爲自己是笨蛋，經常帶他去參觀博物館和古蹟，成爲他最好的啟蒙教師。

靠著母親讀書本與作業習題，班傑明不斷努力學習，而他的作業也必須透過口述，再由母親或速記員記錄下來。

他說：「我生活的經驗造就我今天的樣子。」他會有這麼強的求知欲，是因為他「從小就了解到生命應該不能被浪費或揮豁，為了生命的堅忍和希望，面對挑戰和克服差異是為一個很有力的動機。」

現在為了回饋社會，以及父母對他的栽培。他每天花十小時研究，五小時教書，活出自我的價值。

人出生不是自己選擇的，但卻可以選擇面對生命的態度，也因此造就不同的人生。當中，最關鍵的就是學習與不放棄的態度，從平凡中變得不平凡。

班傑明的例子正是如此，重要的不是他的學歷數量，而是背後的學力──學習力以及父母不放棄的鼓勵與愛。

學習力比學歷多寡更重要，學歷僅是學習力的成果之一。

除此，孔子說「有教無類」，也在班傑明身上再次得到印證。每個學生的特性不同，所以教法也需要不同，這個道理我們雖然知道，但是卻沒有去實踐。所以許多被教師認為有問題，而放棄的學生，其實都是傳統教育所不容的特殊人才，如果能給予他們不同的教育方式，以正面肯定激勵他們，未來他們每個人都可能是領袖人才，爲社會作出貢獻。

鼓勵孩子從喜歡的事開始

我常鼓勵人要做自己喜歡的事情，因爲做你喜歡的事情，你不僅會感到很愉快，更重要的是，你一定可以做得好。所以，我也常告訴父母，要讓你的孩子做他們喜歡的事情，塑造環境發揮他們的長處與優點，如此孩子不管做什麼都會很愉快，也絕對有很高的效率。

在日文書籍《快腦教育》一書中，作者山本光明談到，如果把自己喜歡做的事情之時間當成分母，把經過測量的正確時間當成分子，就會發現，當你越喜歡做一件事情，所得到的數值就會越大。反之，當你越不喜歡做一件事情，所得到數值就會越小。

舉例來說，我很喜歡閱讀，當有人問我：「石博士你剛剛看了多久的書？」我說：「感覺有一個小時吧！」結果對方說：「不止喔！你大概看了三個小時以上的書」，就變成「三除以一等於三」的意思。反之，我很討厭開會，曾經有人問我：「石博士昨天你到經濟部開會花了多少時間？」我說：「感覺很漫長至少有三個小時」結果其他與會者說，其實會議開不到一個小時，就變成「一除以三等於〇．三三」的循環。事實上，十九世紀最偉大的科學家之一愛因斯坦，他爲了證明時間跟空間是相對論時，曾親自做過以下的實驗，有一天他找了一個美女，當他對坐在這個美女對面，感覺像是過了一分鐘時，他看看手錶，卻發現將近快要過了一個小時。

然後，回到家後，想要找一個火爐，但是卻找不到，最後找到一個熱度相當的鬆餅機，他將鬆餅機加熱，然後坐在鬆餅機上，他忍耐著，希望可以渡過一分鐘，當他感覺似乎像是過了一個小時，這時他看看手錶，卻發現根本只有三十秒。無論如何，這時的愛因斯坦是再也無法忍耐了，因爲他的屁股已經燒焦，只得急忙找醫生求救。

我們也可以觀察小孩，當他在看喜歡的影片時，通常會呆呆傻傻的，你問他還要看多久，他說再看十分鐘就好，結果往往一定會超過時間，而如果大人不去提醒他，大概連肚子餓的生理需求都會忘記。

所以師長們如果要測量孩子對某件事情是否有興趣，就可以做這樣的小測驗，問問孩子做某件事情的感受時間，並量量實際經過的時間，就會知道孩子喜歡或討厭這件事情的強度了。

讓家庭成為孩子學習動力的基地

對孩子來說，學校教育很重要，但家庭教育更形重要。

家長要塑造自然學習與成長的環境，與孩子共同學習與成長。由於許多家長錯誤的教育觀念，使自己成爲孩子學習與成長的絆腳石，家長經常擔心孩子輸在起跑點上，因此想盡辦法讓幼小的孩子，即早進入補習班或學校上課，卻疏於觀察孩子，他們是否喜歡這些學習內容與方法，如果孩子不喜歡，對他來說便是一種折磨，他與生俱來的好奇心、創造力、學習力，也會因此慢慢抹煞掉。

每個孩子都不同，父母應該是最懂自己孩子的人，孩子學得快不快樂、有沒有成效，父母理應最清楚，所以父母要對自己的判斷有信心，不要盲目的從眾起舞，更要知道孩子人生的道路很長，成功與否看的是終點，而非起跑點。
做自己喜歡做的事情，才會專心、盡力，享受在其中，並獲得成就感與成功。

我很喜歡做這樣的比喻，孩子的英文很好，數學不好，想想如果你是家長，你會怎麼做？當然你會將孩子送到補習班或請家教來補數學，而等到數學有些進步了，同時卻也發現英文停滯不前。這就是家長不懂得看孩子的優點，使得孩子生活在齊頭式的環境下，變成一個跟沒有喜好與特色的平庸之人。

所以，請家長如果發現了孩子在某方面有很傑出的表現，例如英文很好，就幫助他把英文變得更好，使得他成爲全班英文第一，全校英文第一，全國英文第一，讓孩子享受更高的成就。

公視新聞曾報導，莫斯科的波修瓦芭蕾學院是全世界芭蕾舞者，都想要進入的最高殿堂之一。英國徹斯特小城一名十六歲的青少年舞者，丹尼爾杜蘭打敗眾多的競爭者，獲選成爲波修瓦芭蕾學院的學生，不過卻礙於經濟能力無法成行，所幸出現了一位神秘的贊助人，讓丹尼爾杜蘭的夢想得以成眞。

丹尼爾杜蘭四歲開始學習芭蕾，十一歲起就讀藝術表演學校，不間斷的鍛鍊舞技，所幸皇天不負苦心人，終於贏得俄羅斯波修瓦芭蕾學院的青睞，成為兩百多年來，第一位入選的英國男舞者。

丹尼爾杜蘭表示，「這眞是令人不敢相信的機會，我眞的是非常的高興，一直以來這就是我想要做的事，歷經很艱苦的練習，但我很享受這段過程。」同時他更感性地說，「我認爲如果你下定決心，像我就是這樣，我很享受達成它的過程，只要你努力絕對可以辦到，所有人都一樣。」

人都應該有這樣的經歷，全力以赴去做喜歡做的事情，在過程中，享受那份投入的忘我境界，如此，就一定能取得成功。

我常說，我從不後悔做過的事，或做了失敗的事，隨著時光飛逝，最後悔的是，想做而沒去做的事情。故請家長們鼓勵與支持孩子勇敢的「勇於夢想、敢於實踐」，追求屬於他們的璀璨人生。

你的孩子應該做最好的自己

人生的道路不應該理所當然，我們不能這樣看待自己的生命，更不能期待別人的生命應該如此。

每個人都有選擇人生的權利，別人無權決定。包括父母親都是一樣的，以爲自己是爲孩子的將來著想，而試圖幫助孩子決定未來，覺得孩子應該當醫生、律師……等，卻不管孩子對此是否有興趣。在強迫孩子就範的情況下，往往適得其反，使得親子關係緊張，孩子覺得不被父母所瞭解，生活與學習都非常痛苦，因此，不願意跟父母溝通，跟父母的關係也就越來越疏離。

請父母親們體認，孩子絕對不屬於父母的，他們是獨立的個體。

正如黎巴嫩詩人紀伯倫（Kahlil Gibran）所寫的詩《孩子》：

Your children are not your children.

你的孩子並不是「你的」孩子，

They are the sons and daughters of Life's longing for itself.
他們是生命的子女，渴望尋求自己。
They come through you but not from you,
And though they are with you, yet they belong not to you.
他們是「經由」你而來，並不是「從」你而來，
他們與你生活，但他們不屬於你。
You may give them your love but not your thoughts,
你可以給他們關愛，但不是你的思想，
For they have their own thoughts.
因爲他們有自己的思想。
You may house their bodies but not their souls,
你可以給他們身體一個居所，而不是他們的靈魂，
For their souls dwell in the house of tomorrow,
他們的靈魂，居住在明日之屋，

which you cannot visit, not even in your dreams.

那是你不能去，也不能夢見的地方。

You may strive to be like them, but seek not to make them like you.

故請不要想更不要勉強讓他們變得像你。

For life goes not backward nor tarries with yesterday.

因爲環境不會駐足於昨日，生命更不會倒退。

6 培育教師是教育改革的關鍵

每一個國家都有不同的教育制度，在這些不同的教育制度下，爲什麼傑出的人才是極爲少數，問題在哪裡？關鍵不在教育制度跟方法，而是在教師對於教育的態度上。

教師對於學生來說具有什麼樣的意義，這就是教師的價值。我的大哥上小學時，臺灣受到日本統治，所以他的教師是位日本人，爲了感念這位教師，數十年來，他無數次到日本鄉下去探望這位教師，直到現在已經七十多歲的他，去年都還遠從加拿大飛到日本，去看已經高齡九十多歲的教師。是什麼樣的情感，可以讓一個人從小到老都念念不忘？這是一種師生之間最高貴的情誼。

我也曾看過李家同教授一篇「麵包大師傅」的文章，深受感動，內容說的是，十多年前，李教授曾經教過一位國小學生，這位學生因爲家境的關係，所以未能好好的用功唸書，他因爲覺得可惜，所以曾經請過這位學生去飯館飽餐一頓，目的是想他勸好好念書，不要抽菸、打架、喝酒、嚼檳榔。當時這位學生雖然都點頭，但似乎沒有眞正把話給聽進去。

後來李教授聽說這個學生，國中畢業後就沒有繼續升學，所以他又寫了很多封信給他，希望他無論如何都不要去KTV做事，而一定要學一種技術，這樣將來才能在社會立足，可惜卻沒有得到學生的回應。

其實，李教授寄出的多封信，正是這位學生面對最沮喪時的精神食糧，那時他想起李教授曾帶他去飯館吃飯，然後在架子上買了一大堆非常好吃的麵包送他，所以他在國中還沒畢業，他就跑去那家餐廳找工作，之後他就一心一意地學做麵包，並自己開了一家生意非常好的麵包店。

這位學生因爲對於李教授的感念，所以每天都匿名地送麵包去李教授家，直到李教授發現爲止，當他們會面時，這位學生對李教授道出感激，並問李教授是否願意把他當作自己的學生看待，李教授回答，他不僅是他的學生，而且永遠是他的得意高徒時，這位學生臉上露出了燦爛的笑容，而這個笑容帶給了李教授無比的溫暖。

一位擁有愛心的教師是能夠讓學生一輩子都感到懷念，這樣教師的生命不僅有意義，也有價值，對於社會來說，更有莫大的貢獻；相反地，一位沒有愛心的教師是無法帶給學生任何感動，並可能在學生的成長過程中，帶給他們身心的創傷，這種對於學生的影響，就將成爲社會負面的包袱。

教師工作扮演重要角色

談論教育，如果不能從人的角度（教師、學生）思考，就算有再出色的教改方案，也很難獲得好的結果，因爲如果沒有「人心」，任何事情都不可能成功。

不管是幼兒園、小學、中學、高中、大學、研究所、博士班都有教師，當然階段性教師所扮演的角色也不同，所以教師們必須在人生成長的過程中，創造價值給學生。教師必須站在學生的立場去瞭解、幫助他，對於每位不同的學生，創造不同的價值給他們，瞭解自己的不同，去欣賞自己的不同，然後去發揮自己的不同。

例如在幼兒園時期的孩子，大部分都是活潑好動，但是就會有一些孩子行動力較弱，對於這些孩子，教師必須給予更多的啟發，使他願意積極的嘗試活動，為什麼行動力如此重要，原因是從腦科學研究中說明，肌肉的運動可以促進腦的發展，所以孩子喜歡翻來覆去，又蹦蹦跳跳，是造物主賦予的生命力。

所以培育教師，使教師能夠永續學習，是教育改革最該花資源與努力的地方。事實上，我們的教師都是從師範體系出生，其中有些人並非真正喜歡當教師，而可能是因為父母的期許，或者是希望求得一份穩定的工作，如果教師不能夠發自內心的喜歡這份工作，就不會用心的去對待學生，所以我認為教師的學歷僅是基本要求，而最重要的是教師的資質。

因為教師是學生們的學習典範，教師自我的期許與信念是相當重要，我認為教師應該具備基本資質包括：

擁有真（真實）、愛（愛心）、美（美好）的人格：能夠勇敢的面對現實，追求眞理；能夠擁有愛心，去愛每位學生的不同，能夠不怕困難與麻煩，眞正關心學生的需要，以最大的愛心與諒解，去包容學生的作爲與選擇；樂觀的看待每件事情，擅於發現學生的優點，對於美好的事物充滿感動。

有耐心：當學生失望時，能夠給予新的希望；當學生跌倒時，能夠鼓勵他爬起來；當學生受到傷害時，能夠幫他療傷止痛；當學生有不當言語跟行爲時，能夠不動怒，找出問題的原因，使得學生行爲能夠從錯誤中進行學習。

有願意再學習：落實「學無止盡」的道理，能夠時時反省，虛心的面對自己的錯誤，對於學習充滿熱忱。尤其是在資訊革命的今天，如果教師不能夠永續並靈活地進行的學習，又如何來滿足學生們的求知慾呢？當然學習不僅是智能或技能的充電，更重要的是，教師們心靈的開發，也就是教師們在態度上的學習。

純眞的孩子是很敏感的，他可以很清楚的感受到別人對他的用心，所以只要有人對他付出眞正的愛心與關懷，他就會永遠放在心中，並以最好的表現，加倍的奉還。

第三部

孔子心

用論語哲理重新定義教育目的

1 孔子是先知先覺的教育家

教育的目的在於「引導學習如何學習（Learning how to learn）」，如孔子所言，先人格教育而後知識教育，尤其在數位科技時代，孩子需要有不斷快速學習與改變的能力，以適應未來不可知的世界。因此，我們必要從根本重新定義教育的目的。

早在一九九五年，我曾應馬來西亞總理納吉．阿都．拉薩（Najib bin Abdul Razak）及其教育部長的邀請，以二天的時間，與另外九位世界知名的教育專家，一起進行教育改革的腦力激盪會議。這個會議的主要目的在於討論如何達成二〇二〇年國家遠景。因此，馬國政府計劃從教育著手，進行教育改革，會議中我提出教育的四大目的，分別是：培養懂得學習如何學習、培養高EQ與大格局、培養具創造力、培養懂得享受人生眞義。

與會的德國柏林大學職業教育研究所所長勞恩女士（Dr. Ute Laur-Ernst），非常贊同我所提出的意見。她說：「過去德國的技職教育非常成功，許多人學會了一項技能之後，就希望能以這項技謀得一輩子的工作。但是環境不斷的改變，許多技能也漸漸被取代，這些人卻因爲不願意學習第二項專長或其他技能，失業也就在所難免；全國性的失業人口越來越多。」當然這種情況不僅在德國發生，當進入知識經濟時代後，尚未來得及應變轉型的許多工業發達國家，也都面臨相同的問題。

全球都在進行教育改革

學校稱得上是現存最古老、改變最少的行業。面對日新月異的今天，每天都有重大變化，在創新的變革年代，教育更需要與時俱進，培育能適應與挑戰未來的人才。

二十多年前，我身邊的友人與一些父母已寧願花更多的錢，讓孩子去念類似森林小學的自由學校，或是到國外念書，甚或乾脆讓孩子留在家裡，自己擔起傳道、授業、解惑的責任，而不願讓他們進入體制內教育學習。直到二〇一四年臺灣實驗教育三法通過之後，短短數年間實驗教育蓬勃發展，更有媒體形容爲實驗教育大爆發，學生人數年年倍數成長。

到底父母在擔心什麼？是不是臺灣的教育已經變成一種絕對的壓力，讓學習不再有趣？還是教育系統已經僵化到所培養出來人，根本不具有適應環境變化與願意持續學習的能力？

也因爲臺灣有實驗教育法，讓孩子的就學有了多元的選擇，換言之，實驗教育是選擇教育而非義務教育，若孩子不適應或不滿足體制內的教育，家長可以協助孩子自由的選擇教育理念契合的學校、機構、團體，甚至是自學。

因此，二〇一六年幾位傑出的校長來找我，他們對我過去所談的教育理念表示認同，大家談得越深入，越感熱血沸騰，我認爲我們有機會爲臺灣基礎教育做些事情了，雖然當時我年已八十，又坐在輪椅上行動有所不便，但仍限制不了我一直以來對教育的關注與熱情。我們想成就一所結合人文與科技、符合世界發展趨勢的華人精緻型教育機構。就在我的企業家儒商好友文國良先生的支持下，我們共同創辦了華砇國際數位實驗教育機構。

我常說，孔子眞是先知先覺的教育家，因爲我於一九九五年的教育改革腦力激盪會議中提出的教育四大目的，其實在《論語》中早有論述。這也成爲華砇與家長溝通的教育理念。

一、培養懂得學習如何學習的人

教育目的在於引導學習如何學習（Learning how to lean），能快速並大量的進行學習，培養閱讀力、思考力、批判力與執行力，引申出高度的想像力與創造力。

子曰：「知之者不如好之者，好之者不如樂之者。」《論語．雍也篇》

孔子說：「知道它的人不如喜好它的人，喜好它的人不如以它爲樂的人。」

子謂子貢曰：「女與回也孰愈？」對曰：「賜也何敢望回！回也聞一以知十，賜也聞一以知二。」子曰：「弗如也，吾與女弗如也。」《論語．公冶長篇》

孔子問子貢：「你跟顏回比，誰能勝出？」子貢回答：「我怎麼敢跟顏回比較。顏回聽一就知十，而我聽一知二。」孔子說：「你是不如顏回，事實上，我跟你都不如顏回。」

這是孔子鼓勵子貢學習顏回學習的態度，使自己也可聽一知十，這就是學習如何學習的眞諦，眞正懂得動腦筋，活用我們的頭腦來思考一切可能。

二、培養高EQ與大格局的人

一個人的眼界與格局，本該自幼年時開始建立。給孩子更深闊的東西，他們就能看得更遠、想得更多！看重自己，並能放眼天下。這樣的人格特質也是孔子所謂「仁人君子」即是孝順父母、友愛兄弟姊妹、懂得感恩、誠實正直、尊重他人，成爲可被信賴的人。也就是培養孩子懂得利他並成就大我，在未來擁有遠見與大格局。

子曰：「不患無位，患所以立。不患莫己知，求爲可知也。」《論語．里仁篇》

孔子說：「不要怕別人不知道自己，只要做出卓越出眾而有價值的事，大家都會知道你，並搶著用你。只要不斷學習，並內向修鍊德行，絕對有許多立足之處。」

顏淵、季路侍。子曰：「盍各言爾志？」子路曰：「願車、馬、衣、裘，與朋友共，敝之而無憾。」顏淵曰：「願無伐善，無施勞。」子路曰：「願聞子之志！」子曰：「老者安之，朋友信之，少者懷之。」《論語．公冶長篇》

顏淵、子路侍奉於孔子身旁。孔子說：「何不各自談談你們的志向呢？」子路說：「我願把自己的車、馬、衣服都拿出來和朋友們共用，就是用壞了也毫不遺憾。」顏淵說：「我願不自誇好處，不把勞苦的事施加給別人。」子路說：「希望聽一聽教師您的志向。」孔子說：「老年人能享受安樂，朋友能信實交往，年輕人能得到關懷。」

換言之，不同的心態成就不同的人生。想法改變了，行動自然也會改變；行動改變了，就會養成新的習慣；新習慣養成之後，別人會說：「這個人變了。」人變了的意思是說，這個人的格局變了，從小格局變成爲大格局，那命運也就改變。

三、培養具高創造力的人

保有高度好奇心，鼓勵孩子專注於發展自己的興趣，並在學習上不受到壓抑，自然就能激發源源不斷的創意，所以必要重視創造力與概念性的思維教育。

子曰：「溫故而知新，可以爲師矣。」《論語・爲政篇》

孔子說：「溫習舊知識時，能有新收穫，就可以當教師了。」

溫故而知新是創造力之源，所有的創造都需要從概念產生，而概念是由舊有的東西引發而來，譬如：今日的汽車並非無中生有，它是由幾千年前的牛車逐步演變而成。孔子說的「溫故而知新」，不就是要溫故才能引發新的東西或理論。孔子本身就說他不是「生而知之者」，而是「好古，敏以求之者也。」

我一直認爲，創造力與人性關懷息息相關。人之所以會沒有創意，往往是因爲沒有關心的對象或是事務，否則自然會動腦找出解決問題的方法，而這就是創意的原動力。換句話說，如果一個人只知道關注自己，就會自私冷漠，而無法擁有「先天下之憂而憂」的前瞻性見識。

子曰：「學而不思則罔，思而不學則殆。」《論語・爲政篇》

孔子說：「只學習而不思考，會迷惑而無所得；只思考而不學習，則會精神疲倦而無所得。」

子曰：「吾嘗終日不食，終夜不寢，以思；無益，不如學也。」《論語．衛靈公篇》

孔子的意思是說，一昧的學習而不去思考容易迷惘；若僅僅靠自己思考，而不去多元學習，則可能有所偏差而徒勞無功。孔子甚至以自己的學習經驗表示，他曾經整天不吃，整晚不睡，全部時間都用於思考，可是沒有得到什麼益處；還不如去學習。

事實上，學習並非學會很多新的東西就是進步，而是從舊有的東西中發現新的涵義和新的理論，這才是促進人類進步最大的原動力。

四、培養懂得享受人生真義的人

人一生能選擇從事對世界有意義與價值的事，即可享受人生的眞諦，自然也不容易做錯事情，更能成爲有仁德的人。所以華砇引導孩子透過 PBL 與 DBL 主動發現問題、解決問題。誠如我的座右銘：關心人、關心地球、關心明天，即早成爲世界的貢獻者，以享受人生眞義。

子之燕居，申申如也，夭夭如也。《論語．述而篇》

孔子在閒居時：容態泰然舒適，神色怡然和悅。

子曰：「學而時習之，不亦說乎？有朋自遠方來，不亦樂乎？人不知而不慍，不亦君子乎？」《論語．學而篇》

孔子說：「經常學習，不也喜悅嗎？遠方來了朋友，不也快樂嗎？得不到理解而不怨恨，不也是君子嗎？」

子曰：「飯疏食飲水，曲肱而枕之，樂亦在其中矣。不義而富且貴，於我如浮雲。」《論語．述而篇》

孔子說：「吃粗糧、喝白水、彎著胳膊當枕頭，樂也在其中了！缺少仁義的富貴，對我來說，就像天上的浮雲。」

這幾篇都是在說孔子日常處事的態度與價值觀。整體來說，孔子在家閑居的時候，儀態舒展自如，神色和樂喜悅。他對於自己所學到的東西能夠不斷的在生活上實踐，覺得可喜。因爲距離較遠而難得可以常見面的朋友來拜訪暢談，樂在其中；別人不理解而不鬱悶生氣，是君子怡然自得的表現。人生在世，到底在追求什麼呢？孔子的經驗與人生哲學是，即使是粗茶淡飯、彎著胳膊當枕頭，人生也有樂趣；不遵從義理而得到財富權貴，對孔子來說，根本是天上的浮雲，了無相干。

在今日這個崩壞的資本主義社會裡，我們更應該去思考人類存在的價值究竟爲何？我們想要贏得他人的尊重與自我的尊嚴時，就需要落實孔子的價值觀：以追求可以做到創造人類幸福的事爲人生目標。人類存在的眞正價値在於創造一個富而有禮的社會，一個值得人們嚮往的國度。

2

《論語》蘊藏教育軟實力

中國歷史上智慧最有成就的時代，是東周的春秋戰國時期，由於不同的思想流派，以不同的教育方式去散播多元的理念，才能創造出諸子百家共存共榮，並且可以因時導勢的領導人才輩出。但是學術思想帝制化，以及教育方式科舉化後，以後的歷史中就很少再有如此大格局的智慧成就。

我在動盪的年代就學與成長，最感遺憾的是沒有把國語文學好，在臺灣就學時更沒有好好領略中華經典文學。

二〇〇六年，當時六十九歲的我，到日本掃墓，晚上於居住的旅館，無意間看到當時任日本經團聯會長的奧田碩先生（TOYOTA會長）發表的一篇文章，深論日本二十一世紀需要偉大的領導者，而領導者教育育成的第一課，就是必須把《論語》學好。令我十分驚訝，也造成很大的衝擊。

因此，我即到鄰近的日本書局將書架上陳列相關論語的書籍都買來讀，才發現日本人把論語思想以生活化的方式教化人民。舉凡民間最有名的小說、武士道、茶道、花道……等，其內涵典故均來自《論語》，而日本人又比中國人更重視孔子的「禮即儀式(Ceremony)」。

譬如被稱爲「日本現代企業之父」的澀澤榮一，留學於法國，並首創日本第一銀行及五百多家企業，也擔任過日本的財政首長，他的生涯講演被整理成爲《論語與算盤》一書，由此可知，《論語》對日本國家及其企業發展的影響。澀澤榮一強調：「攸關事業成敗的經營者，在事業執行及爲人處事都要有一定的基準。」，「我在幼年時即學習儒學，特別是以日常生活中做人做事有詳細論述的《論語》做爲行爲規範，如此，則我確信自己不會做錯事。」，「孔子在《論語》

所說的，完全是日常生活中，必須實行不害人不傷己的行爲思想準則。」

相反的，我們將《論語》束之高閣，源於二十世紀初的五四運動，孔子思想受到質疑，最重要的理由不外於中國一千多年來的陳腐科舉制度，加上西方自文藝復興後的強權文化興起，中國受到外侮，民族失去自信，使儒家思想的精髓，特別是孔子的哲理被扭曲，而《論語》無法融入民心，失去人生指南和生活必要的基本態度。《論語》不僅是經營國家、企業最根本需要的現代經營理論基礎，更是爲人處事的基準。崇尚自由、民主、正義，更重誠信、博愛的以民爲本的「仁」爲中心思想，更是孔子哲理的主軸。人的素養以此深悟並實踐，方能有厚實的人文基礎。

培育人才的九種思慮

以長年從經營管理實事及經營理論研究的探索者，使得我的觀點和從純文學、或哲學的從事者或專家學者，都有相當不同的切入或深入探討孔子深層的根本哲理所在。事實上，我認爲孔子掌握了教育的精髓，有兩個重要關鍵：一是教育學習是人生最重要的工作。二是有教無類——人人有學習的能力，資質不同都能被教育。強調的就是沒有學習的無能，只有教育的無能。在孔子看來，不斷地學習和實踐，永遠是成功最重要的資本。換言之，孔子所謂「做」、「學」、「習」，恰好表明了一個人成就大事的關鍵所在。

同時，《論語》是透過對話方式，從中得出智慧的經典，歷久而彌新。特別不是背誦與教條。這是我爲什麼提倡學習方法必須改變的原因，也唯有激發與取用團體智慧。當一個團體或組織眞正成爲一個眞誠團隊，自然就能有源源不斷的創新出現，永遠能走在趨勢的前頭。

只要願意遵從孔子的「利他」哲理，與「仁」的思想，做到「己所不欲，勿施於人」、「己欲立而立人，己欲達而達人」，即能成爲世界的貢獻者，而非地球與人類生命的包袱。這才是「軟實力」。我認爲要培育符合未來的人才，也就是能夠自處更能夠跟人合作，首要條件是人格特質的培育，一個有格的人，所謂有格是有原則與分寸，更是懂得傾聽與分享的人。

孔子曰：「君子有九思：視思明，聽思聰，色思溫，貌思恭，言思忠，事思敬，疑思問，忿思難，見得思義。」

孔子說成爲君子要注意自己思慮：

一、看的時候要想想看清楚了沒有；

二、聽的時候要想想聽明白了沒有；

三、對人的臉色要想想是否溫和；

四、對人的態度要想想是否謙恭有禮；

五、說話要想想是否眞誠正向；

六、做事要想想是否認眞用心；

七、有了疑問要想想怎樣請教別人；

八、遇事發怒時要想想後果；

九、有利可圖時要想想是否正當。

這是自我修練的方向，以此教導孩子自我覺察，我們與孩子無論是爲人或處事就不會脫離正道。

3 仁即正義是傳道真義

我從閱讀《論語》的過程，漸漸體悟孔子所說的「仁」，就是現今我們所謂的「正義」。二千多年前，孔子解譯「仁」，「仁」不僅是要做對的事，還要知道起心動念做這件事情的緣由，也就是做這件事的「動機」是什麼？如果不知道眞正的動機，即使做的是對的善事，也不能貿然說那便是「仁」。

一百多年前，哲學家康德解譯「正義」，「正義」是必須知道他的動機，也就是動機需是「純利他」的，否則就算不上是眞正的正義，這與孔子的思想完全相同。當然，康德是不可能讀過《論語》的，不過在眞理面前，世界上的偉大思想家均殊途同歸，在不同時間發表了相同或類似的觀點。因此，我認爲孔子是人類第一位哲學家，也是人類哲學的啟蒙者。

孟武伯問：「子路仁乎？」子曰：「不知也。」

又問。子曰：「由也，千乘之國，可使治其賦也；不知其仁也。」

「求也何如？」子曰：「求也，千室之邑，百乘之家，可使爲之宰也；不知其仁也。」

「赤也何如？」子曰：「赤也，束帶立於朝，可使與賓客言也；不知其仁也。」《論語．公冶篇》

孟武伯請問孔子：「子路的品行到達了仁的境界嗎？」孔子說：「不知道。」

孟武伯又問。孔子說：「仲由在擁有千輛兵車的國家裡，可以讓他管理軍事；至於他行仁的程度我就不知道了！」

孟武伯再問：「那冉求對於行仁又是如何呢？」孔子說：「冉求在擁有千戶

的公邑，或是擁有百輛兵車的卿大夫家，可以派他擔任宰相，至於他行仁的程度我就不知道了！」

孟武伯又問：「公西赤的行仁又是如何呢？」孔子說：「公西赤可以整束衣帶穿著禮服立在朝廷上，派任他接待賓客和賓客談話，都能恰如其分，至於他行仁的程度我就不知道了！」

這些人都是孔子的弟子，孔子非常清楚他們各自具備的才能，但就是不輕易給他們「仁」的評價。

子曰：「仁遠乎哉？我欲仁，斯仁至矣！」《論語．述而篇》

孔子說：「行仁離我們很遠嗎？只要我願意從心求仁，我們就處於仁道的氛圍。」

仁存在於每一個人的心中，有沒有仁德，不是從外表就輕易可以研判的。

在孔子的定義裡，仁是非常莊嚴、崇高的境界，所以孔子不給予評價，是有道理的。就像在自我的「內向修練」中，最難做到的就是「無私」。換句話說，不管做任何事情，出發的動機必須是「利他」的。

顏淵問仁。子曰：「克己復禮爲仁。一日克己復禮，天下歸仁焉。爲仁由己，而由人乎哉？」

顏淵曰：「請問其目？」子曰：「非禮勿視，非禮勿聽，非禮勿言，非禮勿動。」

顏淵曰：「回雖不敏，請事斯語矣！」《論語．顏淵篇》

顏回問如何才可以做到仁的境界。

孔子說：「克制自己的私慾，一切事物回歸到規矩法度上，這就是仁。哪一天可以做到了這一點，天下的人都可以回歸到仁的正道。行仁道是自己主動由衷的去做，還需要人家來規範嗎？」

顏回又問：「請問實行仁道的行爲細則呢？」孔子說：「不合於禮的不要

看，不合於禮的不要聽，不合於禮的不要說，不合於禮的不要做。」

顏回說：「我雖不聰明，期勉自己照老師的話去做。」

在閱讀《論語》時，我從孔子與學生的對話中察覺，眾多學生中，孔子認為可能只有顏回已經達到仁的境界。

孔子對「仁」設定這樣的標準，無非是希望每一個人的心中都能「無私」，而心中的「無私」需要有很深的磨練與修行才能做得到。在我個人的人生體驗中，「無私」是需要做到高度克制私慾的境界。

七十歲才懂《論語》的實踐

除非我們受到感動，才可能去實踐，並從實踐中獲得經驗，那才是真正的獲得，也才具有意義。

曾在《聯合報》上看到「周聯華：社會黑暗 我們都有責任」的報導，談到周聯華牧師深感臺灣的時局紛亂、道德淪喪，故復出進行八場佈道，在最後一場講道時，周聯華牧師提到，一個殺人犯，在殺人前，每週都會去教會做禮拜，持續八個月。「但這人終究還是殺了人」，周聯華牧師說：「如果他在其中一次聽講中得到感動，事情是否會改變？」

看到這段報導，我有很深的感觸，尤其是看到感動二個字，確實有感動才能啟發人的思維、觸發人的行動，反之，我們講的話多有道理、多有學問，若不能感動人，那一點意義也沒有。所以我常在各種演講場合告訴聽眾，無論你是領導者、家長、教師都不要僅想講道理，而要知道談感受。

誠如曾造訪台中的一所高級中學，有位資深老師分享他三十多年來的教學經驗，他說：「成功的教學：七%是內容取勝；三八%是技巧、態度、儀表；五五%則是感動。如果一個老師在教學時不能感動自己，也就不可能感動學生。」

許多領導者、傳道者、教授或教師等，都奉行他們相信的真理，並以此真理或古老的話語想來感動現代人，卻沒想到時空、環境、文化的差距，讓人無法想像與進入到那樣的情境之中，這種遙遠的感覺也就不會產生切身的感受。我這樣講，並非否定過去先賢們的智慧，而是提醒現代傳授的人要懂得轉化情境，雖然用過去的智慧話語，但詮釋時卻是用週遭發生的事情來當案例，使得聽者可以感同身受，從實踐的過程中去領悟眞正的道理。

就像年輕時我對孔子的思想一點感覺也沒有，覺得那些思想跟現實脫節，卻在年近七旬重讀《論語》，才發現裡面充滿了爲人處世的哲理，還有人類學習及教育最眞實的理論，只要你懂得結合現實來理解跟詮釋，就會發現它是符合於任何時代的眞智慧。

同樣的，聖經上的智慧，我們熟讀跟熟記並無意義，重要的是，我們如何將這些話語鏈結到現實，讓這些話語跟我們的日常結合，讓人有所感悟甚至頓悟才有意義。誠如一位著名ＤＪ所言：「我的工作並不是要讓人們喜歡我的音樂，我的工作是要播放他們想要聽的音樂。」帶給我們的啟示是一樣的。

第四部

組織教育

用情境式組織學習激發智慧

1 離開學校後更要懂得快速學習

在彼得．聖吉的著作《第五項修練》中，提出了「構建學習型組織」的五項能力，第一項是「追求自我超越」、第二項是「改善心智模式」、第三項是「建立共同願景」、第四項是「參與團隊學習」、第五項是「推動系統思考」。

事實上，人一出生就是一位靈活的學習者，而且是主動獲取知識和技能的行動者。不過，人類百年來的教育，並不認同「人生而好學」，尤其東方人所受的教育屬於填鴨式的學習，學校教導人們僅是懂得背下唯一的標準答案，故強調記憶的教育，抹煞了人類創新的能力。

因此，使得從學校畢業後的人，感到學習是一件非常痛苦的事情，這也是問題的根本，如果我們不喜歡學習，也就無法繼續成長，但在智識經濟也是速度革命的今天，如果個人或企業不能快速學習，都將一一被淘汰。

所以，如何誘發人喜歡學習即是關鍵，事實上，學習是不必要有決心、學習也不必要承諾，學習更不必要痛苦，但學習一定要有樂趣，因爲有樂趣的學習才會有成效，更是一種無上的享受。

但是，如果個人沒有學習的意識，也就是說，對於大部分沒有學習興趣的人，都很難使得他們對於學習產生樂趣了，而要達到「自我超越」更是困難。因此，以個人帶動組織學習是有其困難性。

反過來，組織學習卻可能帶動個人學習，就像是我們對於某項活動有興趣，一群志同道合的人組成一個同好會，大家一起分享其中的樂趣，更能促進學習的成效。也像是網路上的社群，大家對於一個議題有興趣，故會自發性地投入分享與討論。

除此，組織學習也必須運用方法來提高學習效率，故我們提出「情境式組織學習」，因爲過去我們的學習都是運用左腦，發揮了邏輯、理性、分析的能力，相對的，隱蔽了右腦：非邏輯、感性、整合、創意的能力。而情境式組織學習是以「全腦學習」的方法，藉由文字、影像、對話等情境設計方式，觸動參與者的動感情（關心），使其動腦筋（激發智慧）去思考。

另外，過去我們接受的教育，都是屬於「明晰知識（Explicit Knowledge）」，意思是可用語言、文字、數字、方程式、化學式，甚至可用電腦符號表達。是可以被教導的。

「暗默知識（Tacit Knowledge）」是非常個人化，難以說明或表達，也很難直接傳達或教導他人，而唯有通過個人的體會與領悟，才能和別人共用，而這是不可以教的。這部分亦是可以透過情境式組織學習的方法，讓參與者能夠透過眞誠對話與互動。

透過情境式組織學習，真誠對話與互動

至於該如何實踐情境式組織學習呢？我們將此分爲三個階段：

第一階段：學習如何學習。培養學員「建立學習」的態度與技巧，故在學習圈的設計上，以「學習圈精神」爲團體「眞誠對話」的基礎。而我們將學習圈精神（Learning Circle）定義爲：Listen 傾聽、Express 表達、Ask 懂得問、Response & Share 回饋與分享、Nurture 培育。

第二階段：建立信賴關係。「信賴」是組織要獲致共識與變革的基礎，也是組織學習能否成功的關鍵。故在本階段學習圈的運作，將以信賴、品格的主題爲主，讓學員建立相互信賴，包容彼此異見，達到「眞誠對話」的目標。

第三階段：實踐學習（Learning by doing）。「實踐學習」是針對實際所需來設定議題，藉由討論達到解決問題的共識。因此，它是藉由先前兩階段的基礎，沿用過去事件來情境模擬、故事性，並以角色扮演等多元感性的方式，來發掘與解決問題，並以團體智慧學習來達成創新的目標。

總而言之，情境式組織學習是以「眞誠對話」爲基礎，藉由「情境學習」的模式，深植「組織帶動個人學習」、腦力激盪「量變促進質變」的理念，形成「組織共識」，持續激發「組織創新智慧」，而達成組織永續經營之目的。

因爲，在情境中學習才是最有效的「理解」方式。因此，「情境學習」的模式爲「情境描述↓情緒震撼↓創意激發↓問題解決↓虛實整合學習（虛擬實境）↓情境遷移（智慧的運用）」。

所以，情境式組織學習就是希望透過團體快樂的學習情境，使得組織內成員，能夠因爲「感動」打破思想的藩籬，因爲「關心」而產生解決問題的方案，使組織充滿生命力與執行力。

組織要能夠順利推動組織學習，所做的任何事務與決策，都必須在整體的「系統思考」下，也就是相信「因果關係」，並從「參與團隊學習」開始，使得人因開放心胸願意接受不同而「改善心智模式」，不斷的「追求自我超越」，達成組織「建立共同願景」的實現。

智識經濟時代是一個運用智識創造價值的時代，能夠不斷擴充、加值的是創造力。而培養創造力唯有依靠全員學習，才能形成「學習型組織」。

譬如，愛因斯坦、德布羅意、海森堡、薛定諤、狄拉克、玻恩、泡利等人提出的「量子力學」爲例，幾位科學家們爲了追尋眞理，進行了深度的對話與交流，經過不斷的辯論、印證，使得模糊的概念（暗默知識），變成一個清楚的理論（明晰知識），最終才能完成偉大的發現。

因此，我跟許多大學校長建議過，博士論文應該由幾個人，組成一個小組共同來完成，而完成的論文就應該達到世界級的標準，爲什麼呢？因爲先進國家，有利基可以吸引到世界上最優秀的「人財」（人即財富），到該國去就學與就業，所以他們的智識發展水平較高。而我們雖然單靠一人的智慧有限，但是如果能透過團體智慧，發揮「三個臭皮匠，勝過一個諸葛亮」的力量，就一定有機會取得更高的成就。

因此，我認爲臺灣未來競爭力就在激發團體智慧。而該如何激發團體智慧？就必須建構起情境式組織學習。

2

懂分享知識　孩子獲得更多

曾有位讀者在我的網站上留言，讓我深受感動。他說：考大學時，進入補習班上課，「由於我在補習班中比較用功，有許多人會問我專業科目的問題，而我一定細心的教會他們，完全不留一手，對我來說是種分享也是種學習，讓我更清楚的驗證，我所學到的知識，也讓我交到不少好朋友。」

「他們都因爲我的分享而得到知識與快樂，當時的我並不會覺得把對方教會了，我就會考輸他們，而是認爲我可以學到更多；爲了因應越來越多人問我問題，我還建立了學習圈。我跟他們說，你們從我這學會的東西，若我請你教某個人，你一定要教他們，他們大部分也十分的樂意，雖然不是每個人都能夠熱情的分享，但我也找到不少有相同信念的朋友，可以互相分享互相幫助。」這位讀者果然順利考上第一志願。當然，那些一同學習成長的朋友們，大多也都考上不錯的學校。

同樣情況也發生在我的兒子身上，Ken 在三十多年前，他高中的時候，有次告訴我，他認爲能夠教會別人，才能表示自己眞正懂了，所以「教學相長」這句話，眞是一點也不錯，他不僅體會到自己智識上的增長，也享受到分享的成就感，最重要的是，也贏得了友誼。

爲什麼孩子教孩子比較能懂？與其說能懂，不如說能通。這是因爲年紀相仿的孩子，思考層次較爲接近與單純，語言表達也很容易被認知與接受。故一堂課若教師能留十至十五分鐘給孩子們分成小組，去對話與分享他們所領悟的東西，以獲得更多的激發，而從中自然學習。也就是透過多元的教學方法，來檢視教學成效。

子曰：「苗而不秀者，有矣夫！秀而不實者，有矣夫！」（論語．子罕篇）就是告訴我們人的不同，教師雖然教，但是學生吸收程度就是不同，既然如此，就必須改變方法，譬如，讓孩子教孩子就是方法之一。

學習要有成效，最關鍵的就是要引起參與者的興趣，只要參與者有了興趣之後，自然就能學習得快又好。所以，我們必須擺脫過去學校教育中的「教師講、學生聽」的單向學習方法，因爲沒有互動的學習歷程就無法引發學習者的感受，學習者缺乏感受，自然對於教師所講授內容的吸收就有限。

學習跟分享是一體的，我們必須懂得不斷的學習，也必須懂得不斷的分享，如此才能讓個人與組織都能一同成長。當組織中每一個人，都樂於將「知道」的事情分享出來，透過「眞誠對話」的力量，讓每個人貢獻自己所知，在腦力與腦力的互相激盪之後，即產生「量變促成質變」的效果，所以，我提出「情境式組織學習」所產生的巨大力量，不是加法，而是幾何級數，正是這個道理。

3 塑造情境讓學習更具效益

在我們所推動的組織學習中，非常強調「情境」（Contextual）學習，這是一種有別於過去依賴「記憶」的方式，而改以讓學習者「體驗」的做法；即「動感情」而非「靠記憶」，讓學習者在設身處地、感同身受的情況下，自然而然達到學習的目的。

舉例來說：過去我們在課堂上學習英文的方式，都是以背單字、片語爲主，結果一直到大學，很多人還是不敢開口與人對話，達不到溝通與學習的眞正目的；這種記憶式的教學，導致學習一直停留在應付考試的階段，而非如何學以致用。

我曾提過有一位五十八歲的先生，他以短短五年的時間就學會了五國語言，不僅會讀寫，還能說出一口流利的外國語與人對話，外語能力甚至較一般大學生來得強。他的學習方式是甚麼？大家都很好奇。

其實，他和我所鼓勵的學語言方式，如出一轍，即淘汰過去記憶、背單字學英文的方式，而改以「聽、說、想像（情境）」來取代傳統式的語言教學。舉例來說，就像某某人的姓名，我們不用刻意去強記，只要見過這個人，想起對方的面容、動作的情境畫面，對方的名字就會自然從腦中出現。

另外，藉由看影片來學習語言，同樣也是幫助我們情境畫面的模擬，因爲故事性的劇情，易引人興趣、牽動人心，透過表情和動作，自然地將語言投射在人的記憶中，語言也在不知不覺中學會了；好比我們從小學母語的經驗，沒有課本、也不需要人特別教導，完全是從家庭成員彼此互動中，自然學會的。

這是因爲「情」的產生，能將人腦中「知」與「意」連結與傳達。

除此之外，上面提到的先生，他也經常到國外旅行，創造學習語言環境（情境），使語言更趨於生活化。多國語言的學習技巧，正是善用各種情境塑造發揮的力量。

同樣地，情境式組織學習也是運用情境塑造的方式，即透過每位成員的經驗分享，在闡述經驗的過程中，引領成員進入情境模擬的狀況，從中建立傾聽、反省、以及學習，進而觸動其他成員的分享與回饋，形成一種情境式的學習圈。人是一種感情的動物，只要有人願意眞誠分享，自然能感動對方、融化彼此防禦的心牆，因爲「動之以情」往往較「喻之以理」而更能令人爲之信服！

多分享異見創造深刻感受

過去在國文課本中讀到的詩、詞等等，都相當有意境，但課本的內容卻未能適切表達作者當時爲何寫下這些詩或詞的背景、感受等，未能將「有感情」的東西描述出來，僅是提供「作者簡介」，告訴學生這位作者是屬於什麼門派等資料，然後要大家背起來，因爲考試會考！如此，學生不僅不能欣賞到這些詩、詞的意境與意義，反倒會討厭背這些對他們來說毫無用處的東西，於是在應付完考試後，也就將之拋諸腦後了。

即便是一門最豐富的課程或一場最精彩的演講，最後在學習者腦海中留下的，可能僅是一句打動他的話，或是一個讓人感動的故事，而這二者都是因爲學習者有了感受，投入了感情，才可以不需要依靠記憶，即能產生深刻的印象。

由此可知，人若要學得好，就要讓他們「動感情」，而如何能夠讓學習者「動感情」呢？就必須仰賴情境的塑造，也就透過「情境式組織學習」的模式，讓學習者分享他們的「眞實經驗」與「眞實故事」。唯有訴說眞實的事蹟，才可能清楚地將事件背景與當時的感受等，描述得生動且清楚，而其他學習者也才會被帶領進到那個情境之中。

從情境中去學習，過程中遇到的問題並沒有標準答案，而是依靠團體的學習者，相互分享彼此的想法，大家從分享中互相學習。在學習的過程中，每位學習者雖然會有自己的想法（創意），但是不必堅持自己的想法才是最好的意見，而要懂得倒空自己，才能吸收意想不到的「異見」，也就是在組織內塑造起保留多重的選擇性與多重可能性的彈性，並且探尋所有的可能性。

無論在生活中、學習中或工作中，所發生的點點滴滴，若是我們不能處理好，許多小成功就因此的流逝。相對的，許多小失敗也正逐漸累積醞釀爆發中。處理這些生活中的點滴事件卻不可能從書本上得到解決方法，更不會有標準答案！而是必須當有人碰到問題時，提出來與組織裡的夥伴分享，大家從情境中去學習，去探尋所有的可能性，並再三運用在未來其他的事件上，產生「舉一反三」的效益。

④ 用錯方法，只會扼殺學習的動力

根據哈佛大學心理學教授加德納（Howard Gardner）的研究，人應該有八種不同的智慧，分別是語言智慧、邏輯算術智慧、視覺空間智慧、肢體運動智慧、音樂智慧、人際關係智慧、自省智慧以及探索智慧。過度的強調ＩＱ，也就是語言及運輯算術智慧，則可能培養出很聰明，但人格操守不完整的人，其結果可能危害更大。

再者，在學習方式上，則應該根據不同人的不同學習特質，採用開放啟發的互動教學，讓每個學習的人都感覺學習是件有趣的事，而學習不再有趣可能就是失學率節節高升的主因。

荷蘭人文學家伊拉斯謨斯（Erasmus）所說：「一國之希望繫諸於能否對其下一代有良好之教育。」（The main hope of a nation lies in the proper education of its youth.），如果我們期盼下一代能在世界佔有一席之地，那教育眞是最重要的事。

曾在中國大陸的平面媒體《新民晚報》上看到一則報導，標題爲「語文課請多留一些『默讀時間』」，內容談到在一個初中二期課改現場會上，有位年輕的女教師，正在爲學生講解課文「馬來的雨」，這是一篇語言風格非常清新的散文。

學生們朗誦完課文之後，女教師便請同學找出課文裡的重點語句，同學們紛紛舉手，大聲朗讀著自己的發現，之後，教師又問了一個問題：「哪些語句表現了馬來雨的特點？」這時有位男同學舉手作答，沒講幾句，女教師便說：「仔細看看，你回答的可是江南雨的特點！」

所以教師與專家們開始探討，爲什麼學生已經朗讀了半個小時，還會犯這種低級錯誤？爲什麼每次測驗，總有學生的作答文不對題？追根究柢下才知道，原來學生根本沒有讀通全文，而只是看到題目就開始找尋關鍵字句，所謂關鍵字句就是考試可能會考的問題。

因此該報導指出，除了學生粗心以外，更重要的是學生們並未沉浸在其書本中。於是，有位語文教研員提出建議「與其讓學生有口無心地朗讀，不如在課堂上培育其一邊靜心默讀，一邊拿筆圈畫線的習慣。」並建議家長，「爲了幫助孩子適應這種轉變，家長應該配合把孩子從題海中拉出來，讓他們在書海中學會獨立暢遊。」

我認爲書聲朗朗並沒有錯，爲什麼要朗誦呢？這是爲了觸發我們的感情，使我們能夠進入於那樣的情境之中，而只要同學們眞正能夠進入到情境之中，他就不會去思考其他的問題了。不過，因爲教育方法的錯誤，使得學生們重視的是，如何在文中找到考題，才能獲得高分，所以考題可能會出的，學生們會感到重視，但是考題不會出的，學生們就會有意無意的忽略掉。如此，學生學習到的是斷斷續續的東西，而不是完整的內容與情景，所以學習得不好，或者考試後立刻遺忘掉，就是很自然的事情。

教師或專家們認爲學生們學不好的原因，在於有口無心，所以應該增加默讀時間，我認爲這樣的解讀並不正確，我們應該探究的是學生們爲什麼有口無心？眞正的原因在於教導者並沒有誘發學生們的學習興趣。

只重成績扼殺學習興趣

以朗讀「馬來的雨」這篇散文來說，大概學生們從來也沒有感受過什麼是馬來的雨？那是一種什麼樣的雨？跟我們的雨又有什麼不同？如果教師可以透過情境的塑造，例如透過影像、聲音或生動語言的描述，讓同學進入那樣的情境中，感受到馬來雨是什麼樣不同的雨，對於文章中的內容，大概就能掌握其涵義了。之後，再讓學生們多朗讀幾次，學生們不用背，也能記得文中的內容與涵義了，最重要的是，透過體會過的東西，學生們不容易遺忘，以後如果有機會碰到那樣的情境，還能觸發他的感情。

也像是我的同事告訴我，她說小時候學鋼琴，換過三個教師，她說每次學新曲的時候，她都希望教師可以先彈幾遍，讓她知道要學的曲目有多麼優美。之後，也希望教師可以告訴她，這首曲子的來源、意境、故事等，但是從來沒有教師這樣做，這使她感到相當的失望，也因此對學琴漸漸的失去了興趣。

在情境中學習才是最有效的方法，否則不管透過朗讀也好，默讀也好，只要學生們沒有感覺，沒有興趣，當然就只會從中找尋考題，因為他們以為那才是真正對他們有幫助（可以拿到分數）的東西。不過，卻因此失去了學習的意義。

現在的大人都認為孩子讀書壓力很大、很辛苦，但是面對競爭壓力又能怎麼辦呢？所以有的父母告訴孩子只要把書讀好就好，其他的事情都不用管，父母會幫他安排好一切，使得孩子以為除了讀書（考試考得好成績才是讀書）以外，其他事情都不需要關心，導致孩子除了讀書什麼也不會。

這是相當本末倒置的做法，我認為師長們應該探究的是，為什麼孩子會感覺讀書的壓力很大，或者讀書讀得很辛苦？簡單的說，這是因為孩子對讀書沒有興趣，試想，如果要你做你不感興趣的事情，你是不是同樣也會感到壓力很大、很痛苦呢？反過來說，如果讓我們做自己感興趣的事情，就算不吃飯或熬夜，我們一句怨言也不會有不是嗎？

而爲什麼孩子會對於學習沒有興趣？這是因爲孩子們在學習中飽嚐挫折。挫折從何而來？就是師長們給予的，例如，考試考不好就得接受處罰，而且是雙重處罰，爲什麼說是雙重處罰呢？因爲在學校教師會處罰一次，回到家之後，父母又會再處罰一次。在這種「分數至上」的情況下，使得孩子喪失了學習的興趣，因此不管學習什麼，都會現實地只想從中找尋可能會考試的題目，這就是師長們「造就」的結果。

曾經在一個雜誌上看到一篇極短文，內容大概是說，有一位教師請一位學生上台做五題算術，結果這位學生答對了前四題，卻答錯了最後一題，這時所有的同學一致的說：「他答錯了最後一題」，卻沒有人說：「他答對了前面的四題」，這就是我們的教育環境與文化。我們的學生不僅不懂得欣賞他人的優點，卻很懂得放大他人的缺點，在沒有賞識的學習環境下，學生怕答錯丟臉，就越來越不願意表達，對學習越顯被動，學習興趣自然就被磨滅掉。

這也就是，我提倡「情境式學習」的原因，不管是孩子或成人，都應該透過情境塑造的學習方法，讓學員們動感情，並能夠放開心胸，學習傾聽與看他人的優點，和他人進行眞誠對話與腦力激盪，如此，才能夠眞正使得個人與組織，因爲快樂的學習而獲得成長。

第五部

思維教育

革心才有未來領袖

1 臺灣教改是複製千年科舉制度

臺灣當前，高學歷反而有高失業率，企業主又經常高喊著人才難求，再加上愈來愈多高學歷人士走上了作奸犯科的不歸路，不禁令人爲臺灣的教育憂心，到底我們的教育出了什麼問題，而臺灣未來是不是也會陷入像德國及許多先進國家一樣「失業迷思」中？

我認爲其中關鍵是：未能認清教育眞正的目的並不在於記憶，或是學會運用某項技巧，而是在於學習如何終身學習的能力。教育目的模糊錯置，使衍生的教育制度也遭嚴重扭曲，變成只重視智商的高低、強調知識的塡鴨，而忽視了心靈教育的傳授及完整人格養成。

尤其中國人的社會源於千年來科舉制度的長期影響，使得社會價值觀極端看重考試的成績，一般人更普遍地認爲，只要是考試得高分就是好學生，將來也一定會有成就。因之教育的目的就被錯置成爲了求取高分，而爲了顧及評分的公平性，所有教育方式也失之偏頗地被設計成強調絕對性，一個問題只能有一個正確答案，其他解釋都是錯的，而不是強調客觀的相對性。

這種教育方式下的產物便是單一思考、單一標準的人才，對於不同的答案、意見不能接受，也缺乏足夠的邏輯思考力，去分析這些不同的意見；更令人擔憂的是，長期一元化的思考教育，大幅地減弱了人對環境變化的適應力，而易於遭淘汰。

不鼓勵多元思考的教育制度，除了無法培育出能因應時間、環境變化的領導人才外，更會抹殺了具發展潛力的人。現行的教育制度，已扼制了大多數孩子完整的人格發展，教學的目的只爲了成績，一切的問題也只能有一個標準答案。

孩子常因爲不同的解釋及答案未被接受，而對學校、甚至學習充滿挫折感。既然「學習」從小就被制約成不愉快的挫折經驗，而孩子學習過程中最重要的信心也在這種過程中遭摧毀，那我們教育體系所培養出的人才，又怎會有終身學習的能力？

教育革心開始

面對這樣的情況，我覺得光是改變教育方式的教育革新，已不足以應付外界環境的迅速變化，想要成功變革，就必須從教育革「心」開始。換句話說，教育目的應是在培育受教者，養成情感智慧（EQ）。所謂的情感智慧，簡單說就是人類心靈的成熟度，來自心靈力及腦智力的完全結合。

一個具有情感智慧的人，才能經常保持心靈的穩定，控制自己的情緒去接納不同的意見，能自我激勵，不斷學習新的知識與技術，去面對環境變化所帶的各種挑戰。在這種教育目的下所養成的人才，才眞的是「學會如何學習」（learning how to learn）的人才。我相信，一個具有高度情感智慧的人，無論年紀多大，都可以在資訊科技的協助下，在極短的時間內，成功轉型爲一個全然陌生行業裡的專家。

英國格林爵士曾說：「學校教育不是在學到任何有用的東西，而是在培養人格情操和正確的價値觀。」

策略的錯誤，讓臺灣的教育改革註定失敗。聯考名義上廢除了，但考試的制度卻只是換一種形式繼續存在，廣大學子們要到哪一天才能擺脫呆板、僵化、受壓迫的學習陰影？我認爲升學考試應該廢除，無論是高中、大學或技職教育，都應改以實施「申請」入學的方式，而申請的門檻在於個人興趣及志向的評量。學校則應秉持著「入學容易，畢業困難」的宗旨，讓每個學生都有學校可讀，也讓不適合的學生在「學習」的競爭中自然被淘汰，而不是在「考試」中定生死。

教育改革的最終目的應在於培養學生自主的學習能力。此外，還要做到「因材施教」，對於資質優異的學生，給予其更寬廣的學習空間；而學習落後的學生，則加強個別輔導，不要怕去面對兩者之間的差距，因爲社會上本來就需要各種不同程度的人才。

我們要瞭解到，不是所有的學生，未來都要成為科學家或得到諾貝爾獎，甚至應該胸懷大志，這不會是所有人的答案，甚至於這是極少數人未來的答案。如果學生畢業後志願是當農夫或廚師，又有什麼不好？這個社會本來就需要多元的人才，社會不會因為人民學歷的提升，就不用吃飯了吧？既然這些需求或工作不會消失，就代表未來擁有大學甚至研究所的文憑，但是從事缺乏人做的工作，反而收入與條件會更高。

事實上，工作僅是人生的一部分，工作以外的時間仍可以隨心所欲的自由運用，譬如陪伴家人與孩子或去學習有興趣的東西，都會是很好的安排跟選擇。職業無分貴賤，人們無需去鄙視別人的工作，擁有高學歷又願意去做這些工作，並能享受於生活之中，這是值得鼓勵的，如此，整個國民的水平也才能真正的獲得提升。

日本政府開始體認到教育改革的重要，但是真正的困難是必須挑戰接受傳統教育下的教師與家長們，如果這些人的思維不改變，恐怕改革成功之路遙遙無期。日本教育的改革，給了我們什麼樣的啟示與反思？

在教改的過程中，不只政府的策略要改變，家長的價值觀也必須突破窠臼，要改變追逐明星學校、標榜成績至上、壓迫學習等等的不當觀念，給予孩子著重右腦啟發的EQ教育，並爲孩子創造一個優良的學習環境，讓他們能適情適性、海闊天空的學習自己喜歡的、憧憬的一切知識。父母給予孩子的是爲他們培養企圖心，讓他們有信心、快樂的學習。

我們是不是也該反思，因爲這正是強調均質化教育國家或地區的借鏡，未來如果那個國家的教育改革能夠成功，也意味這個國家的發展將最爲快速。

2 培育人才是農業工程不是工業工程

在快速變遷與競爭激烈的環境中，人最需要擁有不斷創新（Innovation）的能力，但爲什麼多數人都無法創新，正是因爲我們周圍存在「點子殺手」，能夠精準的扼殺你我有意無意所提出來的想法。

什麼是「點子殺手」？英文解釋爲「Ideas Killer」，就是點子的「終結者」，當人們經過思考，所產生解決問題的方法，直接被攔截與破壞，而使人逐漸失去創新解決問題的能力。

誰是「點子殺手」？普遍有三種人：

第一種：這種人比較「客氣」，當有人提出點子時，他會說：「這是一個很好的主意，但和我們以前所做的沒有差別，結果也差不多，還是別白費力氣。」

第二種：這種人比較「老練」，當有人提出點子時，他會說：「就是有你們這一種沒有經驗的人，才會提出這樣的想法，我們有經驗的人一看就知道不行。」

第三種：這種人比較「傲慢」，當有人提出點子時，他會說：「你想得到，別人也想得到，如果這麼簡單，別人早就做了，哪有輪到你的機會？一定是不行，別人才不做。」

這樣的人與聲音，是不是很熟悉，而不知道有多少好的點子，就這樣輕易的被抹殺了，等到別人推出新的創意，這時才感嘆的說，這麼簡單的點子或概念，我們怎麼想不到？或我們早就想到了，只是沒做而已！至於爲什麼想不到或想到了沒做呢？

「點子殺手」的出現，主要受二種因素影響。

一種是：「個人」的影響。如果我們有獨特的點子或概念（Concept）不要輕易放棄，因爲點子或概念才是眞正創新的「源頭」。爲什麼有人稱讚愛迪生是獨一無二的發明天才？我們來看他是如何回應人家的恭維：「我不過是塊好的海綿，能吸收概念並加以利用，我大部分的點子，都是來自那些擁有而不願意去做的人。」再想一下，有多少個點子，是從別人那裡來的？所以點子並不是由自己閉門造車。

另一種是：「文化」的影響。不管是國家或組織等政策與文化，都放任「點子殺手」的存在，所以我們一方面要摒除老舊的思想，勇於探索未知；另一方面還要敢講、敢做，勇於表達自己的觀點。唯有讓大家都知道我們的點子，才有討論的可能，並進而有實現的機會。

塑造概念研發的文化

相信大家都了解臺灣的教育優勢是什麼？也同意多元創意是應該努力的方向，但是到底要如何落實呢？我一直認爲，小至學校、企業，大到國家、社會，都必須先塑造「概念研發」的文化，才能達到創新的目的。

以企業界爲例，3M公司的企業文化孕育出創新的DNA，人人都將創新變成一種習慣，創新的做法與創意的點子自然而然就能源源不斷的冒出來。若不能將創新營造成爲一種氛圍、形成一種文化，那任何創新的做法都難以推展，這正是我一直推動「概念研發」的原因，只要有了「概念研發」的環境，創新才能不斷的湧現，爲創造社會帶來價值。

諾貝爾獎物理學獎得主楊振寧曾指出，臺灣的中小學教育做了很多訓練，這種教育方式固然有好處，但太過就會產生壞處。因爲花太多時間訓練，孩子沒有時間去思考，有時就會出現無法自由發揮想像力的毛病。楊振寧所說的確實是肺腑之言，這也是傳統教育的通病——將教育視爲一種訓練。

教育是在培養自我思考的能力，訓練是重複學習一種技能使之嫻熟。我一再強調：傳統教育不是教人思考，而是以塡鴨式的記憶思考爲主，因而原本應該以思考爲主的腦，逐漸失去思考的能力，變成記憶的工具。

就如現在有人教我們如何操作「電腦」，但是卻沒有人教我們如何「用腦」，只是告訴我們一次讀不會，就二次；二次讀不懂，就讀十次；十次還讀不通，讀一百次就會了，所以會有老師或父母處罰學生寫錯一個字就寫一百遍，但這該是「教育」的本質嗎？事實上，這是糟蹋人的事情。

難道教育最大的目的，旨在訓練我們變成一個考試的機器人嗎？只要考一百分就是最好的？

試想：考試的標準答案只有一個是對的，其他都是錯誤的，在這樣的環境孕育下，人便無法在生活中學習。這樣的孩子一旦離開安穩的學校環境，進入變動快速、沒有標準答案的社會，反而會無法適應，沒辦法快活的生活下去。因此，這也是爲什麼會有這麼多國家不斷在思考如何因應，並著手進行教育改革。

在智識經濟時代，人類最寶貴的資產就是創意、想像力。

事實上，創造力是人類幹勁的泉源，而幹勁指的是企圖心，或者說是一種熱忱（passion），而熱忱又能引發創造力。我們因熱忱，所以會關心人，關心人之後，才會開始動腦筋。如果一個人對任何事都無動於衷，那怎麼會有創意呢？怎麼會刺激他的大腦去思考如何解決問題呢？

以概念研發尋求商機

如果人人都習慣於觀察多數消費者的不便或需求，並善於動腦筋去思考改變或改善之道，如此的商品與服務一定深受歡迎，且能站在領導者的地位。

有位大陸讀者來函問我：「偶然在商界雜誌上看到石博士的文章，深有感觸。身爲一個ＩＴ從業人員，我認爲現在ＩＴ界急需『概念研發』，因爲大家都具備技術、都具備資金，然而沒有一個人知道像任天堂Wii一樣，轉換一個思路，用一個新的概念，做出一個完全意義的改變，希望石博士能夠多呼籲一下ＩＴ界的同仁，睁開眼睛用概念，而不是一味的技術比賽來打動用戶的時候了。」

確實，時候已經到來，我認爲概念將成爲未來「第四波」的核心價值。而所謂概念就是先尋找市場的需求，也就是還沒有人發現，但卻是有價値的需求，再運用現有的科技去建構形成新的商品與服務，這才是眞正應該追求的創新，同時也才能創造新的商機。

這位讀者又說「石博士的一句『我們必需懂得關心人，觀察到人的不便與需求，就能產生改變現狀的概念，之後，只要去研發與付諸實踐，改變遊戲規則中的產品或服務，就能夠贏得最大的市場。』這不僅是我心中的想法，也是未來一切產業發展的必然趨勢。」

我的回應是「我在一九八九年就曾說過，任何國家或組織如果能教導在中學的學生『概念研發』成爲習慣，那毫無疑問將成爲世界第一的國家，組織則可永續發展。因此不管是政府或組織都應該重視，若想落實『概念研發』，需要文化和發展的技巧，換句話說，組織必須先培育出『概念研發』的文化，才能深化與紮根。」

人往往知道許多事情很重要，但想到如何展開就洩了氣，我常說，不管做任何事情，沒有任何藉口與理由，只有要不要的企圖心，只要有企圖心，就會動腦筋思考方法等。事實上，推動「概念研發」可以很容易，只需要從團隊的「真誠對話」做起，激發團體智慧，塑造這樣的環境與文化，自然就能產生。

適才適性鼓勵手腦並用

我常說：「培育人才是農業工程，而非工業工程」，這句話的意思是，我們每一個人就好比是一顆種子，當我們落在土壤裡，不管是發芽與長成都是不同的，所以必須用不同的方法細心灌溉，使我們健康茁壯。而不能像製造罐頭一樣，每一個人出廠後，都是一模一樣的。

教育是必須迎合社會的需要，讓每一個人都發揮自己的優點，將來才能將所長貢獻於社會，而不能以單純的幾分法或歸類法看待學生，尤其在智識經濟時代，人腦的創意才是製造人類生活更便利的泉源。所以唯有讓學生專注於發展自己的興趣，使學生們在學習上不受到壓抑，自然他就能發揮出意想不到的創意。

曾在一個社團活動，聽到大同大學機械系教授賴光哲發表〈發明造物教育的推動〉，他表示在先天資源欠缺的情況下，臺灣在進入「智識經濟」時代後，最需要培養的就是「人財」，培養人動腦筋與動手的能力。

所以，幾十年來，他不斷致力於推動發明造物，並透過舉辦活動，讓大學生們發表自己發明造物的成品進行，並邀請小學生參與，讓孩子們從小就能體會到發明造物的樂趣與可能性。

賴教授也在學校設立「自由創作夢工廠」，工廠內蒐集各式各樣的設備，讓學生們想到什麼，就能到夢工廠去玩，去那裡實踐自己的夢想。擁有如此的熱情與堅持，是因為他自小一直都有發明造物的夢想，渴望製造飛機的他，卻沒有相應的環境，而師長們也不斷的潑他冷水，認為他是異想天開。

由於自己的歷程與過往的經驗，他認為現在的學生缺乏經驗及主動積極動手實作的態度，也就是創造發明的潛能還未被啟發。如果能透過學習創造發明的相關課程及不斷的腦力激盪，並提供創意發表的空間，學生必定能啟發自身創造發明的潛能。

對於賴教授長期致力於推動發明造物，個人非常佩服，也覺得這是一件非常有意義的工作，尤其是將之與學校教育結合，更是最為寶貴之處，因為不動腦、不動手，就不可能有任何發明與創新。可惜現在的孩子，對於動手做越來越沒有興趣與耐心，就以最基本的書寫爲例，當我遇到不會寫的字時，詢問年輕的同仁，他們常回答我：「現在電腦打多了，很多字都忘記怎麼寫了。」所以，不管事對於任何年齡層的教育來說，都必須重視手腦並用的重要性。

我在二十幾年前開始推動「概念研發」，理由是從概念的形成開始，跳脫過往的經驗與模式，然後自己設計或改良出屬於自己的設備，此舉才能與眾不同，具有特色。換句話說，如果我們能製造出自己獨一無二的試驗設備，當然就能創造出絕無僅有的產品或發明。

3 改變思維慣性從激發腦細胞著手

人的腦波有四種主要的頻率，分別是緊張時發出有意識的β波、感覺安定時發出放鬆的α波、半睡半醒的假寐波θ，這時會分泌大量腦內荷爾蒙幫助處理一整天接受到的訊息、δ波則在我們熟睡時發出的無意識波。

一般我們習慣使用β波來思考或學習，但如果使用α波來學習，一切將會事半功倍，因爲α波的頻率最容易進人潛意識狀態，而人類靠視覺、聽覺、觸覺所吸收的資訊，大部分是儲存在潛意識中，所以要激發出意想不到的腦能量，首要放掉之前占據腦子的β波，讓α波進來，就進入了之前說的放鬆警覺狀態（relaxed alertness）。在《學習革命》指出所謂的「放鬆的注意力集中」，是一種放鬆警覺狀態，有時也稱之爲放鬆知覺狀態（Relaxed awareness）。

當人進入放鬆警覺狀態會產生什麼變化呢？教練（coaching）領域的開創者，被譽爲「教練之父」的提莫西．蓋威（W. Timothy Gallwey）曾說：「放鬆的注意力集中，是成就所有事情的主要關鍵」。

像是貝多芬失聰了以後還能創作出膾炙人口的經典名曲、十二歲的小孩可以到大學去修學位、有人可以在短時間內讀完一本書而且掌握住重點等等。這些人不是天才，而是懂得善用人類右腦的天賦，讓放鬆的注意力集中，能夠更有效地吸收訊息，進而命令大腦執行完成行動。

要如何幫助自己進入放鬆警覺狀態？可以試試下面二種方式：

一、**平心靜氣：**藉著深呼吸、冥想與音樂等放鬆運動，讓β波趨於平靜。

二、**遊戲的學習觀：**營造輕鬆的學習氣氛，有助提高學習效率。

尤其是遊戲的學習觀，應該融入思維教育中，教學方式給孩子更多啟發性，少些限制，教他們如何從學習中得到快樂，避免填鴨式、沈重的、機械性的課業，多注意情緒控制的訓練、保持孩子們對事物的好奇等等，從小建立起正面的學習習慣與方法。就不會讓很多孩子在六歲前，覺得上幼兒園會是一件有趣的事，但是等到進入小學、中學後，學習學校課業卻變成一種強迫而無奈的事。

神飄境界思維

當人腦進入放鬆警覺狀態時，從情緒到行爲都會有一連串的改變，甚至也會感染到身邊的人。這樣的狀態是一種「神飄」境界。

譬如，欣賞貝多芬演奏鋼琴時，有著令人感動的精神力量和排山倒海般的激情。就像他的學生回憶說，貝多芬彈奏時面部沒有表情，但彈奏出的音樂卻極其吸引人。而莫札特在維也納的一位好友也說，聽到貝多芬的演奏，總會感動得淚流滿面。貝多芬能夠完全融入音樂的旋律中，盡情的彈奏，忘我的演出，把最美麗的音符傳送到每一個聽眾的耳中。

或是你曾有專注觀看國際賽事轉播，被螢幕中運動選手表現感動的經驗。

這種感動不在於奪牌，而在於運動選手在最佳的狀態下所做的姿勢，一般都是從來沒有做過的，這些運動選手不思考其他，只專注於做出完美的動作，專注於比賽中，展現出讓人驚呼的表現，使人動容。而這些運動選手之所以能在重要比賽中，有突破性的表現，正式因爲處於最佳狀態，就是神飄。

著名作家馮驥才在《書房花木深》裡談到，寫作是一種與世隔絕的想像之旅，是鑽到自己心裡的一種生活，是精神孤獨者的文字放縱。從這裡我們可以發現，眞正的創作，作家往往自己也不知道作品最後會變成什麼樣子，當靈感充滿時，根本也不需要思考，完全進入到「忘我」的無意識中發揮，即使文字是在海洋中漂流，也一定會找到停靠的港灣。

而我個人的經驗是，當我投入於演說中，經常是根本不必思考接下來該講什麼，就能把情緒與精神感染給與會者，有一次甚至講到忘我的境界，直到下台才被人發現，我全身的西裝就連領帶都溼透了，這時我也才有種虛脫的感覺。

當你進入「神飄」的境界時，你會忘記一切。當畫家在創作時，他想的不是這一副畫可以賣多少錢？而是專注且單純的作畫；在奧運競賽中，運動選手想的也不是破記錄，而是專注於發揮自己的水平；舞者在舞台上也不是想要得到多少的掌聲，而是盡情展現出最完美的演出，諸如此類，要到達神飄的境界，才能觸動人的心弦，使人萌生感動。因此「神飄」是「情緒智慧」最佳的情境（Flow is emotional intelligence at its best）。

如何才能達到神飄境界？《EQ》一書談到：神飄就是完完全全「忘我」的境界，你會忘記時間，換句話說，神飄只有在無欲無私的情境中才可能達到。簡單整理以下三點分享：

第一、**一定要「專注」**。除了從事於你所要做的這件事情之外，沒有任何的雜念，全神貫注應對當下的事務，使腦波呈現α波。簡單來說，就是「全心全意」享受所從事的事情。

第二、**順應你的「慣性」**。對於某一件事情要達到「無意識」的能力境界，例如一位雕刻家在雕刻創作時，他順應著自己腦海中的想像，他的肌肉自然而然的配合著做，從這樣的境界再向更高的境界挑戰時。

第三、排除私心雜念。摒除雜念，排除私心是達到神飄境界的先決條件。這就需要我們丟掉用「理性」與「分析」的腦來做事情的壞習慣，而用一顆「感性」的心，開啟右腦之門，用右腦掌握一切所進入的境界。

所以，不管是個人或企業想要有突破性的進展與創新，就必須進入到神飄的境界，也就是全心投入的狀態，享受於學習、工作與創作之中，自然能夠有意想不到的成果出現。

4 十力培養下一代軟硬實力

到目前爲止，臺灣依舊深陷教育的目的，就是爲了應付考試與升學的迷思之中。學習對孩子來說不是快樂的事情，而是痛苦的義務，孩子的人格也得不到健全的發展，更談不上成爲具有獨立思考，勇敢追求眞、愛、美，懂得享受人生眞義的人。

檢視了整體環境脈絡及中外專家學者的論述後，發現了未來跨域統合思維人才需具備十項重要能力：包含：**品格力**、**美感力**、**溝通力**、**協作力**、**學習力**、**科技力**、**創新力**、**思辨力**、**實踐力**、**移動力**。並融入至各領域中，讓學與習巧妙結合，建構十力學習歷程平台，紀錄各式各樣的學習歷程及其對應的十大核心能力，透過質與量的分析，以超文本的型式開展學習的軌跡，以視覺化的圖像呈現學習的成就，讓孩子從學習歷程的持續紀錄中，發掘自己的學習風格、特質、興趣與能力，讓學習不僅是產出，也是一種回憶，更是一種感動！經由「十力」厚植「實力」，培育孩子成爲未來無可或缺且具備競爭力的重要人才！

一、品格力

教育根本問題在於，遺忘了眞正的教育目的是什麼？孔子早在兩千五百年就告訴我們，育人成「仁人」才是教育的目的。誠如孔子所言：「唯仁者，能好人，能惡人。」《論語．里仁篇》，能夠培育具有仁德及品格的人是重要關鍵。

品格力是人之本，是個人行爲特質與社會行爲的展現。因此在華砇的品格教育，我們推動品格實踐「十全十美」，分別爲「孝順友愛、求眞好問、勇敢堅毅、專注敏銳、責任榮譽、開放合作、感恩關懷、誠信正直、熱情幽默、禮貌尊重」，藉此促進「人與己」發展、實踐「人與他人」創新生活經營並落實「人與環境」關懷。

二、美感力

「美感」源為希臘，原文 aisthetikos 係指透過感官去覺察感受的能力。從美的本質來看，希臘哲學家認為「美是和諧與比例」；柏拉圖甚至將美提升到深入的哲學思考，認為美是永恆的，是心靈與身體和諧一致的境界。在《論語》中「知者樂水，仁者樂山」及「君子惠而不費、勞而不怨、欲而不貪、泰而不驕、威而不猛」則反映出的人格美，強調「美善合一」、「以善為美」的理念。

我們應藉由美感教育，觸發及豐富學生美感經驗，讓學生透過發現、探索、體驗的歷程，從人與自己、人與社會、以及人與自然生態環境的互動中培養「發覺美」、「探索美」、「感受美」、「理解美」及「實踐美」的知能。並且建構學生感覺、直覺、想像、理解、感動、創造的美感能力。

從中培養學生的美感素養(含知識、技能及情意)，成為一個具有「美感力」的完美全人。

三、溝通力

溝通（communication），就其字源來說，是導源於拉丁字communis，意指共同（common），含有「分享」（to share）或「建立共識」（to make common）之意。想要取得成功的溝通，首要需看準時機、掌握情境，觀察與理解溝通對象的情緒與狀態，用心傾聽並適時回應。溝通應建立在雙方皆有所準備的情形下進行，才能產生良好的溝通結果。而華砇推動「三語學習」，即華語、英語，與程式語言，學習語言最基本目的就是爲了取得良好的溝通，不僅是人與人的溝通與協作，更必須懂得與ＡＩ溝通與協作。

四、協作力

協作力爲兩個或多人間的交互作用，只能在人們想要通過建立及持續分享對問題或解決方案的理解時才會發生。

我提出的「情境式組織學習」是藉由組織學習帶動個人學習，志同道合的人彼此分享樂趣，自發性的投入分享與討論，即能促進學習的成效。而學習圈

（Learning Cirde）文化的建立則有活性化、再生的機能，培養傾聽（Listen）、表達（Express）、懂得問（Ask）、回饋與分享（Response and Share）、培育（Nature）的學習圈精神，透過學習圈深度對話，使成員放開心胸，協力改變，創新思維，並獲得共識，找出問題與解決機會。練習資源分配、溝通交流、權力分配與責任分擔，使其能夠各司其職發揮個體優勢專長。

五、學習力

學習有二個步驟，第一個是學習「know-how」，知道爲什麼且能「用」；第二個層次則是「know-why」，亦即改變思維。誠如孔子所言「溫故知新」即是從既有的事物中發現新涵義和新理論，也是促進人類進步的原動力，因此我們應具備快速學習的能力，且應要有不斷自省的能力、不斷學習的精神、保持虛心、保持熱忱。秉持學習圈（Learning Circle）精神，培養具表達提問、成長進步、自主學習、堅持努力、系統思考、問題解決等素養的學習力，轉換爲現在與未來所需素養的優秀人才。

六、科技力

科技發展迅速，行動網路的普及、大數據、物聯網等科技皆蓬勃發展，身為資訊社會的公民，要如何因應科技發展帶來的新世代生活方式，具備「科技力」便成為很重要的一件事。

面對科技最重要的態度是「肯用」、「善用」及「活用」的能力，從願意使用到能正確使用，並且延伸到能夠活用科技於生活中。另外也培養觀察體驗（與趣養成）、問題解決、邏輯思維、知識實踐、批判思考及跨域統合思維等能力，成為優良的科技力之全球公民。

七、創新力

創新的原動力有二，其一為「對事物的關切」，一個僅自我關注的人是無法擁有前瞻性見識，而擁有值得關切的物件，便會動腦找出解決問題的方法。其二「溫故而知新」，所有的創新都需要從概念產生，而概念是由舊有的東西引發而來的，通過「溫故」來激發新的想法或理論。

創新力亦即對事物懷有好奇及關切，透過知識的積累及對其的反芻思考後，從中展現敏察、流暢、獨創、變通、冒險、精進的能力，並且從而提出「不同而更好的想法」或「新而有用的想法」。

八、思辨力

「思辨」源於拉丁文 speculari，意爲反省、探詢。在西方哲學而言，「思辨」是一個解釋心靈思考其本身或精神方面，即先驗的直觀。思辨是一種技術或能力，意指人類實際的認知能力，包含集中注意力、分析、判斷等。思辨力也常被稱爲批判性思考（Critical thinking），是指透過事實形成判斷的思考方式。

我們應將孔子的「君子九思」作爲思考程式，經由刻意練習，將此程式深植於腦中，便能習慣性地經由大腦思考後再做判斷或採取行動。並形成對自身及他者思想上的批判敏覺，以系統性的批判思考，進行行動與反思，有效處理及解決問題，成爲獨立自主的思辨者。

九、實踐力

「知識就是力量」，這句話並不正確，因爲知識本身並不會產生力量，除非我們去用它，從做中學、學中覺、覺中悟，而唯有將知識經過應用成爲我們不管失敗或成功的經驗，才能轉化爲智慧，累積成爲巨大的力量。

不管你如何聰明，做什麼樣簡單的事，如果沒有恆心的行動，你永遠無法成功。所以我們要成爲「知易行易」的人，將學習變成一種習慣，並且能夠從大量的知識中，快速地辨別與獲取有效的知識，然後擁有堅定的毅力去行動以實現理想。並將所學知識與生活實踐聯繫起來，以達知行合一。

十、移動力

我常鼓勵學生與年輕人「讀萬卷書，不如行萬里路」，一定要及早培養自理與移動的能力，勇敢走出舒適圈，不怕困難與挑戰去尋求自我實現的天堂。

全球移動力是知識、技能、態度與價值等面向的整合，以開放且宏觀的思維及多元文化認同的能力，積極嘗試各種學習、分享活動與國際交流，透過內化形成自身價值觀，提升個人競爭力。

全球移動力的核心能力包含國際思維、國際語文、專業實踐、人際合作、跨域多元與自主適應等。除此，最爲關鍵的是旺盛的企圖心，我們才有動力，義無反顧的走出去，去追求好還要更好的境界。

第六部

終身教育

有全人格享受人生真義

1 態度決定一切

美國趨勢大師托佛勒（Alvin Toffler）曾說：「二十一世紀的文盲不是不能讀和寫的一群，而是不能學、無法拋棄弊習和不願重新再學的人。」

科技時代改變迅速，一項新科技的出現，就可能改變我們的生活，甚至改變我們的命運。如何因應改變？唯有開放心胸，不斷虛心學習。

我一再強調，教育的目標不是要教會人甚麼知識，而是要人擁有「學習如何學習」的能力，不管學習甚麼都充滿旺盛企圖心，擁有這樣的態度，就不用擔心被取代與失業了，因爲即便如此，你也能很快學會一項新的技能，更換新的跑道，在科技快速改變的洪流中，愉快的生存下去。

過去企業用人時，最主要的考慮因素總是在學歷跟經歷上，學歷越高，經歷越豐富的人，越容易被錄取，但是在高學歷的今日，學歷已經不是求職者的加分，至於經歷呢？我常說：「經驗常會使人變笨」、「成功的延長線注定是失敗」，尤其在智識經濟時代，擁有創新的能力，比有經驗來得更重要。

事實上，我並非抹煞經驗的重要性，而是因爲有經驗的人，通常會陷入自己所熟悉或習慣的思考或作業模式中，而排斥不同於過往的想法或做法，如此便會成爲組織成長的絆腳石。如何才能將過去擁有的經驗從阻力變成助力？成爲具競爭力的人才？

一、**要有不斷反省的能力**：所謂的反省不是做錯事了才反省，而是一種追求好還要更好的精神。我們要將反省變成一種習慣，做每件事情時，都能夠反省，還有沒有更好的方法？或者我能不能做得更好？不知反省的人，總是將問題推向外，檢討別人的不是，但這對自己跟事情都毫無助益。事實上，反省是一種反求諸己的能力，是向內的修練，只有從自我思考起，讓自己成爲每件事情中的助力，才能讓事情更成功，讓自己更成長。

二、**要有不斷學習的精神**：要能不斷的學習最關鍵的是，讓自己常有歸零的空間，一桶滿滿的水，注入新的水也無濟於事，因爲新水會不斷的從旁溢出，就像我們的心裡裝著滿滿過去所認知的東西，這些東西似乎滿到常讓自己無法喘息，所以對於新的事務，會充滿了煩躁跟排斥，這就是阻礙我們學習的原因。所以懂得倒空是很重要的，要能夠把過去成就跟認知的東西丟掉，才能用新的眼睛去看世界，當你能夠用新的眼睛去看世界時，就會對於任何東西都產生好奇心，而好奇心就是最好的學習動力，而好奇心也是創意的來源之一。

三、**要有澆不熄的熱忱**：許多人常因爲過多的經驗，不能或不願意再突破，而喪失了熱忱，成爲團隊氣氛沉悶的製造者。熱忱是動力的來源，是使得團隊充滿活力的火苗，唯有當團隊內的成員都充滿了熱忱時，才能激發出更多有創意的火花來，促使團隊共同成長。

高學歷失業率變化看人才趨勢

現今整個世界爆炸性的變動之下，對於人才的需求快速地轉變，人力資源也面臨「變革工程」的趨勢，需重新改變思維模式。在從過去「具有什麼技術能力」的「人才」，轉變成「具有什麼學習能力」的「人力資財」，整體人力素質才會提升。

失業率上升固然爲就業市場的供需失衡，過去工業時代藍領工人失業的情形，現在同樣也發生在白領階級或高學歷者的身上。過去裁員大多與經濟景氣有關，一旦經濟不景氣失業率也跟著增加，不過近年美國企業的大規模裁員，卻與經濟景氣反向而行，這不僅是美國才有的現象，歐洲的失業率更是逐年擴增，即使政府採取多項增加就業機會的措施，亦於事無補，徒增資源的浪費。主要大家並未察覺環境的轉變，以致於採取錯誤的對策。

雖然臺灣的失業率一向維持充分就業水準，且在「士大夫」的觀念影響下，接受高等教育的人才日益增多，失業率上升不足爲奇，但在今日臺灣經濟發展如此快速的情況下，必須對大環境的轉變加以了解，以免步上歐美的後塵。至於轉變的原因在於：

一、工業社會大量生產、大量銷售、追求效率、工作細分化的時代已逝去，取而代之的是多樣、適量生產時代的來臨。過去工業化社會對於人才有效運用的策略，工作細分化，已不符實際的需要，反而是多功能的「人力資財」成爲人力開發的重點。

二、由於科技進步神速，工廠有許多專家系統的出現，使得非專業人員亦有能力處理專業工作。從工廠中藍領工人的工作來看，由於自動化機器的發展，只要學會操作電腦，各種機械就可替你製造各種零件、加工、組裝、噴漆；同樣地，白領員工亦可透過電腦及資訊技術處理非專業領域的工作，也就是運用專家系統的互動方式，獲得正確的判斷或決策。

三、在資訊化社會的急遽變化下，許多工作消失速度加快，也將產生許多新的工作，因此人從一種工作轉到另一種領域工作的現象，將會變得很平常。所以人都需要憑藉學習以培養數種專長。

四、競爭的激烈，使得各個企業、機構，甚至於政府都需要減肥（down-sizing），也加速對通才者的需求。

高學歷更要樂於學習轉行

由這樣的教育制度產生的高學歷如博士學位者，同樣亦有能力從一種職業轉換到另一種職業。我本人就是一個例子，在國外工作時我就一直勉勵部屬不要僅在自己已學過的領域內工作，要有勇氣轉換到不同的領域工作，如此就一定不怕被裁員。

像是我的專長雖是在金屬的疲勞破壞，但在學校的訓練使我亦學習到如何在短期中學習其他領域的事物。當我在加拿大工作時，有機會從事世界第一次要做五十萬伏特地下輸電系線（500 KV-SF6 Underground Transmission system），輸電系統這個工作最主要的是鋁銲接，我在學校時從沒有修過銲接這門課程，更不用談鋁銲接，但在短短一個月中下功夫自修，進而在一個星期的實際工作中，解決了這家公司過去一年半無法解決的銲接問題，使我在銲接領域中獲得了肯定，後來更被推舉成爲加拿大CSA鋁銲接技術委員會主席。

從高科技生產技術和技術移轉的工作，進入到自動化的領域，而被推舉爲加拿大聯邦政府CAD／CAM推動委員會的十二個委員之一，回到臺灣組織自動化服務團，推動生產力運動及國家品質提升運動，現在則對人文思想，特別是人的心靈科學（Inner Science）非常有興趣。

從我的個人經驗來看，獲得博士學位者並不見得不能改行，社會上有許多改行者非常成功，理由在於願意改變自己。社會上有許多高學歷者雖從事於非其所學專長領域，但其學歷愈高，學習能力愈強，對國家社會絕對不會是一種浪費，反而應視爲是整體國人人力素質的提升。

激發下一代有所作為的企圖心

四十年前，我在北美的一位朋友，他和太太都希望他的孩子可以當醫生，小孩就在這樣的期望下，花了十年的時間，取得了醫生執照，小孩將醫生執照交給父母，告訴他們，我已經完成你們要我完成的夢想，現在我要去做我喜歡做的事情了。

就像曾在報上看到，當時國科會主委朱敬一在加州柏克萊攻讀博士的女兒，後來「轉行」當麵包、蛋糕師傅。前經建會主委尹啟銘的女兒念完博士學位後，卻決定去日本改學音樂，還說已做完了他交代的事情，「女兒的責任已盡了」，現在要做自己想做的事情。這些兒女都是爲了完成父母的夢想，需耗了寶貴的時間跟資源，但後來還是可以去追尋自己的夢想，還是幸福、幸運的。

事實上，我自己也有同樣的經驗，年輕時，我很想到麻省理工學院（MIT）讀博士，但因爲雙親居住日本，父親希望我到東京大學讀博士，我就依照他的意思去做。因此，我就很盼望我的兒子 Ken 可以到 M I T 幫我拿個博士學位。不過他大二結束後，就到 I B M 研究所工作十六個月（coop program），然後告訴我，企業在電腦方面要比學校進步太多，所以他決定不到 M I T 了，大學畢業後，他要先到企業去，未來需要進修時才再回到學校。而他出社會的第一份工作，就是設計電腦軟體解析人造衛星照片，精算今年全球各地種主要農作物的產量，是眞正高科技的技術。老實說，我難免也有些失望，但還是願意支持他，希望他能做喜歡的事，並能在工作上享受成就感。

不過，我認爲令人最爲擔心的是，時下有太多年輕人，擁有了學位之後，就眼高手低，除此，對工作也喪失了企圖心。日本曾出刊了一份「特別報告」，舉出許多例子，例如，有一位二十五歲喜歡打籃球的年輕人，剛到公司沒有多久，上司告訴他，你這兩個月留在東京，但是三個月後，我要派你到名古屋一年。這個年輕人馬上拒絕，同時也辭職不幹，原來他不想離開在東京的籃球夥伴們，他將興趣看作比工作來得重要。

曾跟一位朋友及其家人一起吃飯，他的孩子剛從研究所畢業，讀的是都市計畫，想繼續到美國哈佛、ＭＩＴ或其他著名大學攻讀博士學位，他問我的意見，我說，這是一個好的選擇，另外，我也認爲都市計畫，現在很重要的一部份是都市更新，你或許可以背著背包，不要去讀博士學位，用一年時間到全世界各城市到處去看看，並拍很多的相片來排列組合，創新看看不同的特點在哪裡？古人說，讀萬卷書，不如行萬里路，眼界與心胸的啟發，會爲我們的生命帶來新的可能。這並不會比攻讀博士學位差，人生重要的是創造更多的選擇。

還有一個剛從東大畢業的年輕人，到一家大銀行工作，他希望到投資部門，能有幾十億資金讓他大顯身手，但上司希望他從基礎接觸客人開始，結果不到三個月，他就辭職不幹了，他說，我是國際化的人才，來銀行上班的目的，不是來算鈔票或跟一些小商人談事情，我要做的是大事業。以及一位二十三歲知名大學畢業的年輕人，到一家服飾公司上班，他希望做的是行銷的工作，但公司希望他從銷售，也就是接待客人開始做起，同樣不到三個月，他就辭職了。

也曾有一位部長介紹一位剛從美國回來不久獲得ＭＢＡ的年輕人來找我面試，我看他的履歷表上寫，三個月前才剛從美國回來，也因爲他的父親關係很好，所以馬上被介紹到一家很不錯的企業就職，我問他爲什麼離開那家公司？他說，老闆要他作一份行銷計畫，結果老闆沒有採用，還是以自己所想的方法去做，不過他認爲老闆的方法絕對會失敗。我就告訴他，既然如此，這是一個好機會，你既然認爲老闆的方法會失敗，就應該等老闆失敗後，他回頭來找你，你就能好好的表現，所以我要他先回到原來的公司，至少幹一年看看，假如眞的不行再來找我。我認爲高學歷的年輕人眼睛都長在頭頂上，自不量力，好高騖遠，欠缺挫折忍受力與企圖心，這是很可怕的現象。

有年輕人將自己的興趣，也就是玩樂看得比什麼都重要，對於人生得過且過，沒有夢想。我想不但在日本，包括臺灣也一樣，年輕人沒有工作經驗，就要從基礎打起，學校應該開一門必修課程，要學生學習「探索生活與生命的意義與價值」的課程。也讓孩子們了解將來到社會上工作，喜歡的工作跟喜歡玩什麼是不一樣的，有些喜歡玩的事情，確實只能當作消遣，例如喜歡打籃球，如果無法打出跟職業球員的水準，就只能當休閒娛樂，是無法成為一份工作，不能分不清楚。

而從一個國家的年輕人來看，就可以看出一個國家未來的競爭力，因此不管是家庭教育或學校教育，都一定要很關心孩子的態度與企圖心，協助與支持他們尋找自己喜歡的路，迎向挑戰與發展，一生能眞正「有所做為」。

建立正確的學習心態

曾經跟一位年輕朋友聊天，言談中無意間發現，電腦技術相當優秀的他，過去在學校所念的，竟是文科方面的相關科系。我問他：既然你這麼喜歡電腦，為什麼當初不選擇電腦、資訊等相關科系念呢？他說：因為父母親都是教文科方面的老師，所以直覺的認為自己也該朝這方面發展。

事實上，許多年輕人常常在畢業後「學非所用」，白白浪費了學習的時間和資源。

爲什麼會有這麼多人，願意將時間耗費在學習自己不喜歡、不感興趣的事務上呢？有人說是爲了拿文憑、也有人是爲了趕上熱門科系、還有人是爲了完成他人的期待呢？我認爲，最大的原因乃在於尚未建立自我的目標和規劃，以致於無法辨清人生方向。

不只是年輕學子如此，即便是爲人父母的你，已經進入社會在職場上多年，面對局勢多變的現況，也會對自己的未來感到手足無措，究竟路在哪兒？路該怎麼走？我給無論是父母或孩子的思考建議都是：

一、**培養正面積極的態度**：很多人面對未來，經常抱持消極逃避的心態，特別是在經濟環境愈顯不安的壓力下，害怕改變、渴望安定的心理因素，讓很多人選擇投入公職人員考試，或是繼續待在現有的職務上，毫無收穫和成長；然而，積極樂觀的人卻具備勇於接受挑戰、承受改變的特質，唯有去做、去嘗試，才能突破成長，也唯有以正面性思考，才能獲得正面的成長。我在二十年前曾說：「最安定的工作，就是最危險的工作」，相信這句話在二十一世紀的今日與未來都是一記警鐘。

二、**選擇自己喜歡做的事**：要將眼光放得長遠，千萬不要「近視眼」，即使現在是熱門科系，但幾年後也許產業變動快速而落沒。關鍵是自己喜不喜歡，如果強迫自己做不喜歡的事，內心的排拒不但造成學習上的困難，也讓自己常處於負面情緒中而痛苦不堪；但若是做自己喜歡的事，勢必能全心投入而產生喜悅感，並迸發出潛力來，更有機會能夠脫穎而出，成爲該領域的傑出人才。

三、**養成終身學習的習慣**：「這個世界唯一不變的就是『變』」，如果世界不斷改變，而你的學習腳步卻停滯了，那麼你也就退步了！過去，我們的學習受到侷限，但現在透過網路的協助，可以獲得大量的學習資源，讓自己時時保持在學習的狀態中，當然，你也可以藉由網路，學習自己喜歡卻不熟悉的領域，學到了一個階段，你就可以嘗試跳入這個領域去發揮。

2 成功、致富與快樂都來自終身學習

成功是一種觀念，致富是一種責任，快樂是一種權利，有了成功、財富，快樂的微笑是最好的。

這句話是我的好友溫世仁在他舊作《成功致富又快樂》一書中所提出的。溫世仁無疑就是成功致富又快樂的最佳實踐者。

溫世仁認爲成功是一種觀念，爲什麼呢？許多年輕人在對未來設定目標時，總會希望自己有一個成功的人生，但是成功的定義是什麼？我認爲成功是一種對於自我不斷挑戰的過程。強調自我挑戰的原因是，每一個人的人生都不同，所以唯有做一個操之在我的人，勇於去面對自己所追求的階段目標，不忘做一個散播愛的人。

因此，溫世仁談到要獲得成功，就要先「檢視自我」。其中有三個重要的觀點：

第一、成功不是打敗別人。自我的肯定是比什麼都來得重要的。

溫世仁舉了一個例子，電影全才伍迪艾倫導演的「安妮霍爾」，獲得了奧斯卡金像獎中的最佳影片、最佳導演、最佳原著劇本、最佳女主角等四大獎項。伍迪艾倫本人更是一手包辦這部電影的監製、編劇、導演、男主角，依照常理來說，他應該是興高采烈地去領這個對他來說實至名歸的大獎才對。

但是頒獎當天，伍迪艾倫並沒有到好萊塢領獎，而是獨自一個人在紐約的小酒吧吹奏黑管爵士樂，因爲他心裡堅信：「成功是自我證明，而不需要由錢財、名利去肯定。」可想而知，伍迪艾倫在整個籌備、拍攝、到完成的過程中，他已經獲得了成功的喜悅，而自我肯定比得獎來得更重要。

我常說人一生中，總要去做幾件終身難忘的事情，這些事情對於自己來說，是一種莫大的支持，到了年老之後，這些美好的回憶，就將伴隨我們的心靈享樂。

第二、成功不是超越別人。人生是一場自己跟自己的比賽。

我很喜歡用賽跑來作比喻，從小我就是跑步健將，常常代表學校參加比賽，在國中時，有一次我代表學校參加竹山鎮運動會，和跟大人比賽跑五千公尺，這些人不僅年紀大，個頭也大，所以跑了一段時間之後，我就遠遠的落在最後面，我的鄰居們看勢，很緊張地對我喊道：「滋宜不要跑了，你跑不過他們的。」但是我頭也不回的繼續往前跑，最後我跟第一名只差半步，獲得了第二名。其實，當時我的毅力來自於：我不是在跟人比賽，就是認爲自己可以跑到終點爲止。

很多人認爲，競賽就是要超越別人才能獲得成功，所以在比賽的過程中常左顧右盼，就因爲過於關注別人的表現，導致自己的表現失常。我曾經問過加拿大破奧運紀錄的金牌得主，爲什麼他總能夠得到冠軍，有什麼樣的訣竅嗎？他說，其實很簡單，他只是每當起跑槍響時，就全神灌注地往終點彩帶奔去而已。因爲他是一個人在比賽，是自己在跟自己比賽，心裡根本沒有超越別人的壓力存在，所以才能夠獲勝。

第三、成功不是名、利、權的獲得。如果你將成功定義為獲得名、利、權，就等於成為慾望的奴隸。

譬如有些紅極一時的名人，卻選擇自我放逐，甚至自我了斷生命，令人非常的不解與感嘆。

溫世仁也談到，自己曾經有一段時間，剛辭掉工作，心情感到非常低落，這時因爲身邊存了一些錢，對於未來又沒有打算，所以整天在家裡發呆，打不起精神來。直到有一天，他到夜市閒逛，看見一個人在走路，用手走路，這個人沒有腳，只用雙手握著一個小板凳交互移動，挪動身體，辛苦地走著。他跟了過去，給了這位殘疾人士一百元，這位殘疾人士接過錢後，就拿了一張獎券給他，並對他露出微笑說：「我不是乞丐，我賣獎券。」頓時他突然領悟到，一個沒有腳的人還在賣彩券，我一個好手好腳的人居然在閒逛，浪費生命。看著殘疾人士的遠走，溫世仁心裡忍不住大聲的吶喊：謝謝！

談了這麼多，到底要獲得成功的觀念是什麼呢？答案是：「一個人的成功，並非看他有什麼豐功偉業，而是看他是否充分地貢獻自我。」溫世仁在世時，是一位人人稱羨的成功企業家，但在我看來，他的成功是因爲他眞正充分地貢獻了自我。

有反省力才有行動力

常在聚會中，我們可以看到有些人，是飛黃騰達、平步青雲，但是也有不少人怨聲連連，甚至找不到工作，爲什麼落差如之大？

會造成這樣的結果，跟每一個人的人格特質有重大關係。

奇異（GE）前總裁傑克・威爾許（Jack Welch）曾接受亞洲《華爾街日報》邀請撰文，談到關於傑出領導者必備的「四E」，分別是活力（energy）、鼓舞

（energize）、膽識（edge）、執行力（execute）。

威爾許談到在三十多年的職業經理人期間，所體會到所謂的領導特質，應該是可以讓一些人，在設定正確目標與確切達成目的方面，做得比其他人都更好，當你做對事情時，正是領導能力的伸展。他運用了這四項特質，擬出一套評估經理人的程序，首先是活力，要有用不完的充沛精力，喜歡行動、酷愛改變。其次是鼓舞，有使別人充滿活力的能耐，必須熱愛他人，並能激勵他人勇往直前。再來是膽識，膽識是面對困難時，能夠擁有果斷做出棘手策略的勇氣。最後一項則是執行力，是能夠在最短時間內超越目標。

如果一位經理人選擁有了以上特質，最後還需要觀察的是，他是否充滿熱情，這一點是無法僞裝的，因爲這是對生命、工作，由衷自然散發的一種興奮感。當然如果有經理人選符合以上特質，就不用再猶豫了，應該立即爭取，因爲未來他所做的貢獻，將是你無法預估的。

或許會有人感到疑惑，這些特質似乎跟行動力較有關係，好像一個領導者，僅要充滿活力、渾身是勁就夠了，有活力勝過於有腦力，其實並不然，事實上，有活力的背後，必須依靠理想與使命感來支撐。而鼓舞的背後，必須依靠共同的願景來支持，否則你無法煽動任何人跟你同行。在膽識的背後，則是有正確的決策支持，否則你無法邁出任何步伐。最後執行力的背後，自然是綜合以上，有了明確的行動方案，並能夠有效的付諸實現。

所以威爾許提到以上的四加一項特質，我認爲不僅領導應該具備，也是我們每一個人都該朝著努力培養的方向。至於如何達到以上特質，首先就必須先有「反省力」，所謂的反省力，不是大家認爲的，做錯了事情才需要反省，而是所做的每件事情，不管是成功或失敗都應該反省。

失敗了當然應該反省，因爲如果我們無法從失敗中獲取教訓，那就將永遠跟失敗爲伍。但是爲什麼成功了也需要反省，因爲成功僅是一個台階或里程，還會有再成長的無限空間，也因此才有勉勵人「好還要更好」的這句話。今天我們做得已經不錯了，但是經過反省與沉澱之後，發現還能夠做得更好，所以立即著手去做，時時刻刻都在求新求變，這樣富有彈性的人，自然能夠擁有學習與修身的能力。

記得有位研究所的學生問過我，他說是否我有一日三省的習慣，我答覆他，在古代環境變換緩慢，所接觸到的人事單純也很有限，或許聖人一日三省已經足以。但是在速度、網路、智識經濟的今日，在環境快速變遷下，我們不僅是時時刻刻都在接收資訊，也時時刻刻都在做決定或下決策，如果一日只有早中晚三次的反省，恐怕是會被時代所淘汰。

事實上，反省力的目的正是在促進實踐，是思考不同的行動方案，換句話說，反省力就是擁有實踐的能力與經驗，是能夠將過去好的經驗進行整合，變成一種新的能力。就如同創新的定義一樣，是相同東西的重新組合或排列，所得到的不同結果。

有句話說：「知識就是力量」，如果片面的看這句話，不能進行深度理解，會誤以爲只要學習知識就能產生力量，恐怕你會感到很失望，因爲有知識、有學問的人，並不一定都能跟力量產生等號。爲什麼呢？因爲我們的一生總會學習到許多知識，但是這些知識如果不被利用，或者是用到錯誤的地方，結果都是枉然。但是如果我們能夠善用知識，並且去行動從中獲取智慧，這就能產生眞正的力量。

反省是什麼？就是一種思考的能力，但裡面蘊含了不自滿，能夠不自滿，也才能不受環境所限制，而能跳出原來的格局或老舊的思維，也唯有在不受限的情境下，主動積極的思考，才能激盪出新意來。反之，如果是在受限的環境下，被動消極的思考，所想出來的又會有什麼不同，沒有什麼不同就等於進行了無意義的思考。

解決問題也是一樣的，想解決問題就必須先經過有益的反省，將自己跳脫出問題之外，才能將複雜的問題變爲簡單。而如果不能經過反省，問題就不僅不能有效解決，還會擴大而且複雜化。但是如何做有益的反省，跳脫出問題之外呢？答案很簡單，但是卻不容易做到，就是必須在思考的時候「無我」，有句話說：「退一步想，海闊天空」正是這個意思。

所以擁有了反省力，在培養什麼樣的特質就會變得容易。如果你想在任何領域中，都活得精采，發揮自己的貢獻，從現在起，開始進行時時刻刻的反省，跳脫出限制與老舊思維，我保證你所得到的結果，一定跟過去大不相同。

致富必有奇勝

常遇到年輕的創業者，特別是在中國大陸的年輕人，他們總喜歡問我：「石博士，有沒有什麼能快速獲利的法寶？」「如何獲取第一桶金？」「我可不想浪費時間在聽學術理論上，有沒有什麼創業秘訣可教？」

我常會聽完後，反問他們：「你是怎麼定義經營？」「你的經營模式是什麼，告訴我，你的企業如何跟別人與眾不同？」「要怎麼讓顧客認同與肯定你的『不同』？」

所謂的不同在於顧客認定的價值。

我也告訴他們：經營就是要快樂的賺錢，絕對需要妙方，但絕非走不法捷徑，而是要想奇招。我在一九八〇年代談經營就是要和自己競爭、做不同和同業合作。

事實上，談做生意的智慧，中國老祖宗早就在古書上提到：孔子說：「君子愛財，取之有道。」；《孫子兵法》中提出：「以正合，以奇勝，攻其不備，出其不意。」特別是，司馬遷在《貨殖列傳》載道：「夫纖嗇筋力，治生之正道也，而富者必有奇勝。」這是什麼意思呢？

就是努力勤奮，儉省節約，是人謀生的一般規律，但要發財致富，則必須要有智慧，出奇計奇謀才能獲得成功。

而重視腦力創意，也不是現有的妙方。在春秋戰國時期，當時一般商人都比較不願雇用頭腦靈活的人做事，怕這些人會出頭取代，惟獨有一位齊國的商人刀閑，堅持任用具有創意反應快的人，授權他們而願意給高的報酬，結果員工表現十分出色，讓他的事業蓬勃發達。

兩千多年前的刀閑，沒有具有當前哈佛大學的企管博士，但觀念與和現在最頂尖學者談的並無兩樣。事實上，「富者必有奇勝」就是智識經濟。很早我就提到，智識經濟不是新的觀念，中國老祖宗的著作就已經告訴我們的經營智慧。

3 面對生命禮物享受人生真義

曾收到一封朋友轉寄的郵件，內容是一對母子勇敢面對生命挑戰的故事。十四歲的男孩經醫院診斷，他的胸腔長了一個巨大的腫瘤，因爲壓迫，使他呼吸困難，必須盡快動手術將腫瘤切除，問題是這個手術相當困難。於是，男孩的媽媽每天四處奔波，尋求最適當的醫治方法，男孩則耐心的待在醫院裡做自己的事情。

之後，男孩接受穿刺。當醫生請家屬進去診療間時，一屋子的醫生都異口同聲的說：「這個孩子太懂事、太勇敢、太配合了」。男孩告訴媽媽：「穿刺就好像一把刀插在胸膛裡，痛苦不堪。」但在整個療程中，這個男孩一直微笑著面對所有人，因爲他是一個有信念的孩子。

不過，男孩的身體狀況一天比一天差，他們決心採取先化療、再手術的治療方案。媽媽告訴男孩：「我們將要有這樣的一段生活，那就是和病魔作鬥爭。」男孩則回答：「我行。」男孩鼓足了勇氣迎接一切的考驗，就像他進醫院拍的第一張自拍像一樣，對著門，做了一個勝利「V」的手勢。

在化療的過程中，媽媽日日夜夜陪伴著男孩，他們感受到來自朋友們的多方關心與愛。媽媽說：「就像是回到了遙遠的從前，雖然還處於困境中，但我們心懷希望的度過每一天，隨時隨地感受幸福，這幸福來自於能進食、能喝湯、化驗結果好。」

男孩一直表現得非常堅強和樂觀。他說：「自己這次生病，只不過是失去了一個腫瘤，但得到的卻遠遠大於失去的。」男孩是一個對諸多事物展現極高興趣的人，他的思想及言語既熱烈又活躍，媽媽說：「在他身邊，我時時刻刻都受到感染。」是男孩溫暖又正向的感染力，讓媽媽持續處於積極面對的狀態。

經過三階段的化療後，醫生告訴男孩的媽媽：「接下來要動的是一場很大的手術，難度很高，風險與術後的情況都難以預料，你們要有心理準備。」雖然如此，男孩的媽媽心裡還是充滿了希望，只想著一步一步的往前走。

男孩在手術前一週周，深受腫瘤壓迫之苦，男孩形容那感覺就像是胸部被一顆大石頭壓著，肩上挑著五斤的扁擔，背後還有一隻錘子不斷的在敲打。呼吸、飲食、行走、舉手、翻身都出現了困難，一日比一日更不舒服，但是男孩卻不以此爲苦。

男孩說：「上帝準備送一個金燦燦的腫瘤給一個人，怕膽小的人支撐不住，接受這個腫瘤的人需要堅強。然而，堅強挺下來的人，留下來的只有平淡的忍受；所以，祂又準備送給一個樂觀的人，然而樂觀挺下來的人，只有笑沒有回味；於是，祂就選擇送給我。我是超越一切的！我把它叫做享受。」

手術成功了，但是困難卻沒有遠離這對堅強的母子，直到現在。

在這裡，除了爲這對母子祈禱與祝福之外，我們所得到的，或許並不僅僅是感動而已，更多的是，有著對於人生要用怎樣的態度來面對的決定。我們無法預知未來，但我們可以決定珍惜今天的幸福，可以決定困難來臨時，泰然的面對，並更懂得珍惜我們現在擁有的，鼓足勇氣，迎接一切考驗。

男孩斜對門的病房，住著一位罹患癌症的女士，這位女士照顧患有白血病的丈夫十年了，如今，丈夫的病是好了，她卻病了，現在反過來由丈夫照顧妻子。或許很多人會說，這眞是太悲慘了，可是有多少人能夠體會，他們之間那種患難與共的美好感情呢？

男孩堅強的媽媽說：「在過程中，我們雖然經歷了焦慮、擔驚受怕、捉襟見肘等困境，但卻依然享受生活中的點滴幸福。因爲生病，媽媽可以日夜守候在男孩身邊，分享他腦子裡的奇思妙想，分擔他身體的病痛，這有多麼幸福。」

就像男孩的一位朋友對著自己的父母說：「男孩比我幸福，別看他只有媽媽，別看他生病了……。」男孩的媽媽說：「當那位母親告訴我這些話時，我很感動。眼看著因爲學習壓力大，父母與孩子之間發生的各種衝突，使得親子關係疏離，孩子們也大多不快活，我們深感遺憾。在現在這樣的情況下，我們更加明白什麼才是最重要的，人生最重要的，一是健康，二是做人。」

從錯誤中學習的人生路

在現代的社會中，每個人都將一天的時間當成三天使用，忙碌的爲了家人而努力著，但卻因此忽略了與家人的相處，許多事情總是要等到最後才感到後悔。我們沒有能力可以去計畫或預測未來，而事實上，我們的未來就在今天，而非在不可預期的未來，太多的計畫又有何用，今天我們做了些什麼才重要。

請不要捨本逐末，而要把握每一個當下，眞正分清楚什麼是重要的，什麼是不重要的，珍惜生命中的分分秒秒，不要讓自己有所遺憾，因爲生命存活著就有價値，生命存活著就有意義。

為人的自省與自律

人的意志確實很脆弱，很容易受環境影響而改變。換句話說，人很容易學壞，很難抗拒金錢的誘惑，以至於迷失了自己，讓自己成爲金錢與他人的奴隸。如何才能不失去自我呢？唯有依靠不斷的自省與自律，我們這一生才可能眞正成爲自己的主人。

事實上，只要是人就一定會犯錯，不管你是大人物，還是小人物，都不會因爲你是大人物，犯錯的機會就少，更不會因爲你是小人物，犯錯就是正常或常態。不過許多大人物，大概都患了大頭症，以爲自己不可能犯錯，如果有錯，那一定是別人的錯，因爲指責別人總是比較容易，但是要自己承認錯誤，那是多麼困難的一件事情啊！

至今我都還記得，我五歲時，發現有大人犯錯，但是大人卻不承認，並表現出不以爲然的樣子，當時我眞的很生氣，但又不敢說出來，因爲我怕會被打，不過我心裡想的是，媽媽說：「人都會犯錯，犯錯只要承認並改過就好了。」如果人犯錯卻不承認，也不改的話，那就枉爲人了，這是當時我小小心靈的想法。

事實上，生而爲人的好處，就是可以做對人類社會有益的事情，並證明自己爲人的價值。反之，若不能好好的做人，失去爲人的價值，那這個人也將失去他的一切。

人生的路是修練的歷程，上帝造人從不曾希望人不犯錯，祂反而要我們從錯誤中進行學習，如果我們這次錯了不承認，下次就一定會有更困難的問題出現，而且困難將會越來越大，直到我們願意承認錯誤的那一天，如此一來，我們要付出的代價也就越大。唯有早一天承認錯誤，早一天學會懂得自省與自律，才能重拾爲人的價值。

享受自由與人生的意義

著名的心理學家維克多．法蘭可（Viktor Frankl）在《追求人類生命的意義》（Man's Search for Meaning）書中說：「人只有一樣東西不可能被拿走，就是在任何環境中，選擇自己的態度和方法的自由。」

維克多．法蘭可是一名猶太人，在第二次世界大戰時，他被關入集中營，大戰結束後，他僥倖活了下來。他在之後的著作中提到：「被關在集中營的那段日子，痛苦萬分，沒有衣服、鞋子可穿，每天面對的是狹小、陰冷的水泥房間，使得身體凍僵了、腳上的傷口也潰爛了。但有一天，我突然頓悟了，雖然我的肉體被關在狹小的空間，但我仍然是自由的，因爲我的意志、思想是別人無法控制束縛的。從此，我整個人就像被釋放、獲得了自由。」

人的自由無關乎外在環境，而是在人的思想上，但人總是被思想綑綁住。明明我們所處的環境很自由、很優渥，但是內心卻很痛苦，不敢做嘗試，不敢下決定，甚至不敢有不同的想法。

曾有就讀MBA的學生向我表示，他們對於未來感到茫然，過去以爲修讀MBA很有價值，但現在卻發現外面的環境對MBA並不重視，因此懷疑當初放下不錯的工作條件，回到學校讀書，似乎是錯誤的選擇，甚至於開始憂慮自己未來的出路。

我告訴他們：「既然當初決定回到學校念書，現在最重要的工作就是好好的學習，對於未來根本不必憂慮或害怕，因爲我們的人生，是取決於我們看待人生的態度，只要我們能夠以積極樂觀的態度去面對人生，就能成就自己的人生。」

所謂成就自己的人生，不是追求財富或名利，而是我們可以眞正的享受人生的意義。這確實不容易做到，因爲我們很容易會受到外在環境的影響。年輕時，我們曾經對未來充滿理想，但是當滿懷的理想不斷面臨無情的挫折時，就會使得滿腔的熱情逐漸被澆熄，而開始變得消極，然後只願意安於現狀，對於未來不再存有美好希望。

所以，我鼓勵那些同學，不僅要有理想，而且一定爲理想而堅持信念。不管外面的環境有多惡劣，或者景氣有多不好，都不要感到氣餒，因爲我們所做的事情，都是我們自認爲應該去做的事情。

獲得自由與人生意義的十大戒律

我在大學授課時，總會推薦學生去閱讀《似非而是》（The Paradoxical Commandments）這本書，並希望他們能盡力去嘗試做到十大戒律：

一、人都是毫無邏輯、不講道理、以自我爲中心的。但還是要愛他們。

二、你如果行善事，人們會說你必定是出於自私的隱密動機。但還是要行善事。

三、你如果成功，得到的會是假朋友和眞敵人。但還是要成功。

四、你今天所行的善事，明天就會被人忘記。但還是要行善事。

五、坦誠待人使你容易受到傷害。但還是要坦誠待人。

六、思想最博大的人，可能會被思想狹隘的人擊倒。但還是要志存高遠。
七、人們同情弱者，卻只追隨強者。但還是要幫助弱者。
八、你多年建設起來的東西可能毀於一旦。但還是要建設。
九、人們確實需要幫助，但當你幫助他們時，他們卻反過來攻擊你。但還是幫助他們。
十、當你把最寶貴的東西獻給世界時，你會被反咬一口。但還是要把最寶貴的東西獻給世界。

如果你願意遵守以上的戒律，你就能因此獲得自由與人生的眞義。這不僅對你有幫助，當你先懂得享受人生眞義之後，你也會鼓勵身邊的人與你的孩子去追求他們的夢想，享受美好的人生。

所以我說，教育與學習的目的，不正是了創造幸福人生嗎?由衷祝福你與家人。

石滋宜博士大事紀

石滋宜——領路前行，從產業推動到教育永續

1937年
- 出生於臺灣南投竹山。

1962年
- 「臺北工專」礦冶科畢業。

1972年
- 獲取「日本東京大學」工學博士學位，畢業後移居加拿大。

1973年
- 擔任加拿大 Dunham-Bush 公司副廠長。擔任加拿大 I.T.E ABB (Asea Brown Boveri) MICA DAM Project Manager 專案經理後晉升製造工程部經理。

1978年
- 擔任加拿大奇異（GE）公司高級製造工程部經理。榮任加拿大工商部CAD／CAM技術開發委員。榮任加拿大標準局鋁合金焊接技術委員會主席。
- 擔任加拿大先進技術顧問公司總裁。

1980年

- 返臺省親之際，向當時的行政院政務委員李國鼎先生簡報推動自動化之重要性，而於翌年受李國鼎資政、孫運璿院長、趙耀東部長力邀，返臺帶動臺灣全面自動化。

1982年

- 擔任經濟部顧問。

1983年

- 擔任「工業自動化技術服務團」團長，進行四百八十七項廠商之輔導項目，在一九八六年新臺幣匯率大幅升值下，成功協助企業克服經營危機。

1984年

- 擔任「中國生產力中心」總經理，爲臺灣企業界培訓人才超過五十萬人次，輔導廠商近四千家，對臺灣企業轉型、升級貢獻良多。

1984年

- 榮任「亞洲生產力組織」理事。

1985年

- 建議政府推動「全國性品質運動」（National Quality Promotion Program），以加速臺灣中小企業進入高品質經營領域。

1985年

- 快速塑造強有力的企業文化，成爲臺灣經濟成敗的關鍵。企業「活力營」、「共識營」與「將帥營」的開發，使得臺灣企業領導者思維模式快速改變，進而創造了臺灣經濟奇蹟。

1986年

• 推動「顧客滿意」，鼓吹企業從「生產導向」轉換為「顧客導向」。強調透過全面品質管理，共同追求品質的目標，就是為了追求顧客滿意。

1987年

• 推動「概念研發（Concept R & D）」，鼓勵企業利用已可利用的技術或構想，應用在已存在或不存在的產品或服務上，以創造價值或創造新市場。

1990年

• 鼓吹「綠色生產力」（Green Productivity），希望企業從產品服務的概念開始，考慮產品生命週期中的每一個環節，減少對自然環境的衝擊，以及對人的傷害，同時創造企業商機，增加經濟價值。

1990年

• 所主持之「中國生產力中心」被世界銀行評鑑為開發中國家輔導機構典範，協助許多開發中的國家如：哥倫比亞、菲律賓、尼泊爾、伊朗等建立類似機構。

1990年

• 積極參與亞洲生產力組織之會務，拓展與亞洲各國之實質經貿交流，當選「亞洲生產力組織」理事會主席。

1994年

• 行政革新運動與省營事業企業化經營，提出以「企業化」創造省營事業之經營價值，替代變賣資產的民營化方案，獲得事業員工及社會各界的支持。

1994年
- 擔任「現代企業經營學術基金會」董事長。提倡以現代管理學術改善企業及華人現代教育之推廣與相關學校教育機構之經營爲宗旨。爲華人創新教育思維領航。

1995年
- 榮獲「蔣震科技成就獎」（Chiang Chen Technology Achievement Awards），使得傑出華人在科技成就上獲得肯定與鼓舞。

1995年
- 受聘爲臺灣省科技顧問，督導國營事業民營化之變革。

1996年
- 獲聘行政院成立之「提升競爭力行動小組」委員，並由民間成立「國家競爭力策進會」，獲邀擔任顧問。榮任臺灣省省政委員。

1997年
- 鼓吹企業升級，從代工（OEM）發展到設計（ODM），再進入研發和自創品牌（OBM）。

1998年
- 與英業達集團故前副董事長溫世仁先生，共同創立「全球華人競爭力基金會」，以現代化管理技術與智能協助海內、外華人企業家，強化其經營能力。

1998年

- 與北京市政府成立兩岸交流的平台，每年舉行「京台科技論壇」爲最大規模的兩岸民間經貿交流活動。

2004年

- 推動「情境式組織學習」係以組織學習爲基礎來帶動個人學習，讓學習成爲一項新習慣、新文化。

2006年

- 決心推動孔子的經營哲理，期使我們成爲第一個實踐「仁道主義」的「仁道國家」，享有「老者安之，朋友信之，少者懷之。」的世界社會。

2008年

- 向政府建言，建立臺灣爲向全世界開放免簽證之「自由島」，並透過網絡建立起「客製化產業」以縮小貧富差距。

2011年

- 於兩岸展開「重『心』探索孔子的經營哲學」系列演講。

2013年

- 延續京台科技論壇，與中國宋慶齡基金會環球慈善雜誌社，首都公益慈善聯合會等單位聯合主辦「首屆京台公益論壇」，期望二十一世紀的企業，能從社會責任與利他角度出發，具有：關心人、關心地球、關心明天的胸襟。

2014年

- 受「北京大學國家發展研究院」榮譽院長林毅夫邀請，以「從『心』

探索孔子哲理——邁向世界領導之道」爲北大BIMBA學子演講。

2016年

- 受邀新加坡「全球華人生產力與競爭力論壇」以「向孔子學領導」與「邁向世界的競爭力」爲題發表專題演講之後則以「飛躍科技——顛覆未來世界」爲題呼籲企業家環境巨變，必需忘記過去的成功模式，善用AI與IOT創新事業模式。

2017年

- 於京台公益論壇，鼓勵兩岸社福團體以「共享經濟崛起——開創仁本新價值」進行專題演講。

2019年

- 與儒商企業家文國良先生共同成立「華砇國際數位實驗教育機構」，重新定義教育的目的，認爲教育的目的在於「引導學習如何學習（learning how to learn）」，尤其在數位科技時代，孩子需要有不斷快速學習與改變的能力，以適應不可知的未來世界。

2021年

- 四月七日安詳辭世，享壽八十四歲。

附錄：

華砇國際數位實驗教育機構——The School of The Future

美國教育哲學家杜威說：「用昨天的方法教今天的學生，將剝奪他們美好明天。」

石滋宜博士於一九八〇年應政府邀請自北美返臺，啟動臺灣工業自動化，培養出眾多傑出企業與人才，對臺灣產業轉型、企業升級貢獻良多。石博士領導中國生產力中心的十多年間，致力輔導廠商不計其數、培訓企業人才超過五十萬人次，當石博士在企業面的成就幾近頂峰，他人生的境界轉入對生命傳續的教育志業。

石博士深刻感受到教育與學習是國際競爭力之命脈，改革須從品格奠基與基礎教育著手，而在二〇一七年，具儒商情懷的文國良董事長，感佩當時高齡八二的石博士爲臺灣教育之熱血奉獻，化理念爲實踐，透過屹立臺灣超過四十年的現代企業經營學術基金會辦校興辦華砇國際數位實驗教育機構。

華砇的誕生

「結合人文與科技、符合世界未來發展趨勢的精緻型教育」是華砇的定位。「砇」意喻化石爲玉，化育成仁，取自創辦人石滋宜和文國良的姓結合而成，華砇國際數位實驗教育機構因此誕生，從教育的目的與品格落實，共同爲臺灣這塊土地培育「跨域統合思維人才」。二〇一九年春天，一群專業滿懷熱情的教育菁英團隊，秉持著石博士的辦學理念，矢志要從教育的目的與品格落實開始改變。

辦學理念

在創新的變革年代，教育更需要與時俱進，華砇致力於培育孩子面對未來的能力！所以我們重視改變「學習的方法、學習的速度、學習的內涵」，重新爲孩子定義教育的目的。希望華砇的孩子具備下列特質：

一、**懂得學習如何學習**：教育目的在於引導學習如何學習（learn how to learn，能快速並大量的進行學習，進而擁有終生學習的能力，以應變未來世界。

二、**高ＥＱ與大格局：**孔子所謂「仁人君子」即是孝順父母、友愛兄弟姊妹、懂得感恩、誠實正直、尊重他人，成爲可被信賴的人。同時懂得利他並成就大我，即能擁有遠見與大格局。

三、**具高創造力：**保有高度好奇心，鼓勵學生專注於發展自己的興趣，並在學習上不受到壓抑，自然就能激發源源創意，故需重視創造力和概念性的思維教育。

四、懂得享受人生眞義：人一生能選擇從事對世界有意義與價值的事，即可享受人生的眞諦，自然也不易做錯事，更能成爲有仁德的人。

十二年教育規劃與十力學習歷程

石博士認爲，「若想打破考試與分數來判斷與評價一個人，我們需要更全面、更客觀、更科學的展現孩子的「學力與軟硬實力」，也就是面對未來的適應力與競爭力。」

華砇教育體系檢視了環境脈絡及中外學者的論述後，歸納出十大核心能力：品格力、美感力、溝通力、協作力、學習力、科技力、創新力、思辨力、實踐力與移動力。融入至各領域中，讓學與習巧妙結合，建構學習歷程平台，紀錄各式各樣的學習歷程及其對應的十大核心能力，透過質與量的分析，以超文本的型式開展學習的軌跡，以視覺化的圖像呈現學習的成就，讓學生從學習歷程的持續紀錄中，發掘自己的學習風格、特質、興趣與能力，焠鍊「學習如何學習」的模式，用「十力」培養「實力」，讓學習不僅是產出，也是一種回憶，更是一種感動！

在華砇的孩子，其學習歷程皆會被完整地記錄，產出相對應領域能力的圖表，以利學生、家長及教師了解

一年級到六年級	七年級到九年級	十年級到十二年級
奠定孩子健康體魄與完整人格，培養兼具人文與科技的跨域統合思維人才。		
學習如何學習與十力之淬，支持孩子以創新思維迎向未來。		
探索體驗，引導孩子因學習而快樂，奠基全人教育。		
	主題統整、專題探究、創新實作建構國際視野。	
	透過混成學習建構自主學習力，輔導孩子生涯探索，成為終身學習者。	

華砇的孩子一年級到十二年級學程核心內涵時間軸

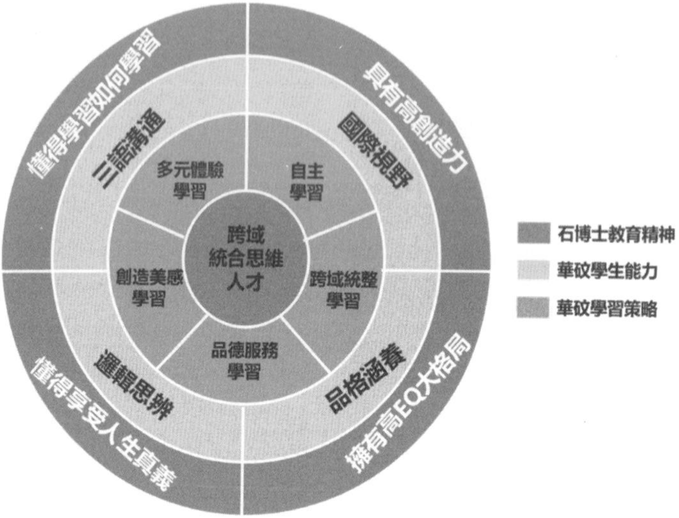

奠基全人教育 培育跨域統合思維人才

孩子各領域單元對應十力的落點，與各階段學習進步幅度，並透過圖表清楚呈現學生優勢，適性揚才，激發孩子自主深入探索學習的意願。

華砊學生圖像

以華砊的四大教育目的爲本，培育學生三語溝通、國際視野、品格涵養、邏輯思辯等能力，並透過自主學習、多元體驗、創造美感、品格服務、跨域統整等學習策略，落實全人教育，成爲跨域統合思維人才。

華砇教師圖像

「教育需要教師的智慧，教師需要智慧的教育」

華砇的教師均先經過完備且紮實的師資培訓課程，再經過華砇教育的顧問團隊嚴謹地審核與評估，才有機會正式成為華砇教師，教導與陪伴孩子，並共同

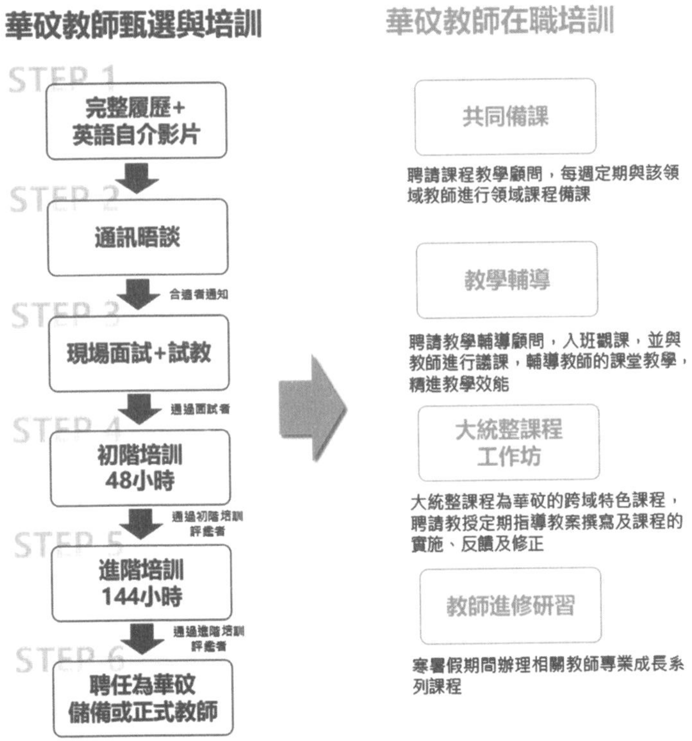

透過嚴謹甄選與紮實培訓出優秀教師

成長、學習。爲孩子，我們願擁有「無所不能，無所不會！」的態度：PRO，也就是熱忱（Passion）、尊重（Respect）、開放（Openness）是我們共同的基因。我們以孩子爲中心，流著共同的熱血，同時扮演：導師（Tutor）、引導者（Mentor）、教練（Coach）、學習夥伴（Partner）、學習者（Learner）之角色，並且積極運用資訊科技，打造華砇智慧（Smart）校園。

六大學習策略＋STREAM 課程

「爲自己而學，因學習而快樂」喚醒孩子的自我學習意識是華砇的教育理念。華砇的六大學習策略包括：圖像學習、閱讀策略、自學導向、巨觀學習、討論學習、體驗學習。運用跨領域的教學策略，透過在各領域的學習中演練，幫助學生建立思維模式、掌握學習策略、學習遷移轉換，進而達成自我學習的目標。

華砇獨創 STREAM 課程，以「孩子爲自己而學」爲中心，藉由六大學習策略的主題統整方式，結合問題導向學習 PBL、設計導向學習 DBL，從實際問題或情境出發，強調團隊合作、實踐、創造和分享，培養自主行動、解決問題的能力和素養。

STREAM 課程的主題採用聯合國永續發展目標 SDGs，將十七項目標融合至每季主題中，培養孩子實踐 SDGs，成爲改變世界的行動者。

「微型菁英學校」辦得到適性教育

特色一：低於一比十的師生比，適性教育鼓勵孩子發現更好的自己。

特色二：雙導師制。每班至少一位英語專長教師，協同擔任同一班導師職務，提供學生更適時適性的輔導。具備外語及數位能力，具國內外大學與研究所以上學歷，專精各領域與跨領域課程發展與教學者。兼任教師爲聘任藝術人文教師、體育專業教練與傑出專長之業師。

特色三：學制分為春夏秋冬四季。

特色四：移地探索週

每季第六週，爲華砇移地探索週（adventure time），以品格教育爲中心，配合四季時令結合華砇十力規劃「山野教育、文化關懷、小三鐵、海洋教育」等探索體驗課程，透過身體感官的運用、自然觀察、實際操作、挑戰自我等方式，並融合在地特色、企業參訪、關懷弱勢，進行跨域統合學習，由體驗、探索、察覺、反思到行動的歷程，深化環境教育與品格素養。

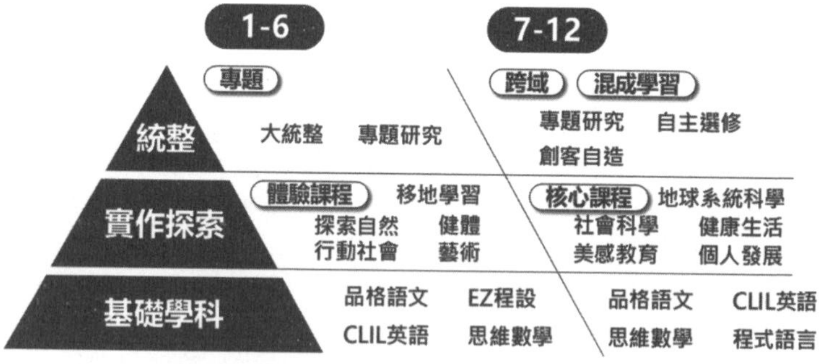

華砇實驗教育機構 1 至 12 年級課程架構圖

跟著我們站在巨人的肩膀上看世界

「我們認為教育的五大目的為：知識傳輸，解決問題、能力培養，發展潛能、價值塑造、人才創新。期許華砇的孩子具有國際觀，同時擁有三語溝通能力，不但奠定己身的競爭力，未來更能成為可以貢獻社會的人。」

——曉龍基金會董事長暨全球玉山科技創始人曾憲章博士

「臺灣的教育，尤其是基礎教育，過去太強調填鴨式，但在人格的發展，在才能的開發上是欠缺的，是最應該打破的，期望華砇能重新思考如何去培養學生，找到一套很好的方式，把這些很重要的能力開發出來。」

——社會企業公約基金會創辦人暨董事長馬凱

「我們在進用人才時，除了考量能符合工作要求的能力外，最重視的是學習的欲望和態度，例如跨領域學習。期待透過華砇的教育，將來孩子在學習和溝通的能力會更強，還要能夠獨立思考，才能具未來競爭力。」

——南僑集團會長陳飛龍

「時代所需要的人叫人才，未來需要的是創新的人才，跨領域的人才，所以教育，應該配合著時代對於人才的需要來重新界定。從思維上的改變起，如何落實，我覺得是華砇實驗的一個重點。這種就是創新。」

——中華企業倫理教育協進會理事長許士軍

「孩子人格的養成，就是讓他在基礎教育學習過程中極力追求，讓自己更美好的版本出現。華砉擁有豐富的底蘊、最好的學校氛圍和孩子最需要的科技知識，我很期待華砉能好好帶領每個孩子，讓孩子遇見自己最好的版本。」

——國立臺北教育大學特殊教育學系教授呂金燮

「世界最偉大的事情都是從一個微小的起點開始，我期望華砉做到一件事，就是用最大的勇氣、最高的智慧，突破所有的可能，把世界最好的教育在臺灣落地，接軌，讓孩子能夠從臺灣走到全世界去。我想這是我最大的期盼，在臺北有一個最有未來性跟最有趨勢性的一個實驗小學。」

——陳立教育創辦人陳立

「華砉正在寫歷史，正在從我們寶島台灣為未來的台灣的孩子們，寫一個新的教育上的教育史。」

——現代企業經營學術基金會董事宋鎧

「我們是應該改變了。美國在談 STEM，中華文化談的是傳道授業解惑，但現代教育大部分師資只做到照本宣科的授業。然今日電腦及雲端的時代，授業已非重點，傳道解惑才是重點。」

——臺灣創投之父郃中和

華砇大事紀

二〇一七年六月	華砇籌備處正式成立
二〇一八年二月	教研、科研、行管處成立
二〇一九年一月	首屆師資培訓系統啟動
二〇一九年三月	華砇平台系統主題教學上架
二〇一九年三月	臺北市華砇國際數位實驗教育機構獲立案證書（北市機構證字號第 010 號）
二〇一九年八月	臺北市華砇國際數位實驗教育機構開學
二〇二〇年十一月	華砇導入 ISO 21001 教育領域管理系統標準
二〇二一年六月	臺北市關渡華砇實驗教育機構獲立案證書（北市機構證字號第 020-1 號）
二〇二一年六月	砇中實驗教育機構（國高中學年階段）籌備展開

「未來不在未來，而在今天。」讓我們就從今天起，鼓勵孩子開創屬於他們的美好未來！

歡迎加入華砇教育的學習行列～

華砇教育 Hua Wen Global School
現代企業經營學術基金會
臺北市信義區忠孝東路五段 790 巷 27 號
服務專線：+886-2-8786-5872

華砇信義校 QR Code

華砇關渡校 QR Code

人與土地30

石滋宜談教育革心

作　　者—石滋宜
圖片提供—財團法人現代企業經營學術基金會
主　　編—林正文
封面設計—陳文德
美術編輯—李宜芝

董 事 長—趙政岷
出 版 者—時報文化出版企業股份有限公司
一〇八〇一九台北市和平西路三段二四〇號七樓
發行專線—（〇二）二三〇六六八四二
讀者服務專線—〇八〇〇二三一七〇五
（〇二）二三〇四七一〇三
讀者服務傳眞—（〇二）二三〇四六八五八
郵撥—一九三四四七二四時報文化出版公司
信箱—一〇八九九台北華江橋郵局第九九信箱
時報悅讀網—http://www.readingtimes.com.tw
法律顧問—理律法律事務所　陳長文律師、李念祖律師
印　　刷—勁達印刷有限公司
初版一刷—二〇二二年四月一日
定　　價—新台幣三八〇元
（缺頁或破損的書，請寄回更換）

時報文化出版公司成立於一九七五年，
並於一九九九年股票上櫃公開發行，於二〇〇八年脫離中時集團非屬旺中，
以「尊重智慧與創意的文化事業」爲信念。

石滋宜談教育革心：找回國家競爭力重心學習的變革法則 / 石滋宜作 . -- 初版 . -- 臺北市：時報文化出版企業股份有限公司 , 2022.04
面；　公分 . -- (人與土地 ; 30)

ISBN 978-626-335-217-9(平裝)

1.CST: 教育 2.CST: 文集

520.7　　111003981

ISBN 978-626-335-217-9
Printed in Taiwan